Ullstein Krimi

W0171776

In der Reihe
Ullstein Bücher
Alfred Hitchcocks
Kriminalmagazine

Band 71 (1661)
Band 73 (1679)
Band 75 (1709)
Band 76 (1721)
Band 77 (1733)
Band 78 (1746)
Band 79 (1758)
Band 80 (1764)
Band 81 (1770)
Band 82 (1780)
Band 83 (1787)
Band 84 (1793)
Band 85 (1811)
Band 86 (1817)
Band 87 (1829)
Band 88 (1835)
Band 89 (1841)
Band 90 (1853)
Band 91 (1865)
Band 92 (1871)
Band 93 (1877)
Band 94 (1883)
Band 95 (1889)
Band 96 (1901)
Band 97 (1907)
Band 98 (1913)
Band 99 (1919)
Band 100 (1925)
Band 101 (1937)
Band 102 (1943)
Band 103 (1949)
Band 104 (1955)
Band 105 (1961)
Band 106 (1973)

Ullstein Buch Nr. 1979
im Verlag Ullstein GmbH,
Frankfurt/M – Berlin – Wien
Übersetzt von Gudrun Faltermeier
Copyright © 1977, 1978 by
Davis Publications, Inc.
für Alfred Hitchcock's Mystery
Magazine
Übersetzung © 1979 by
Verlag Ullstein GmbH,
Frankfurt/M – Berlin – Wien
Alle Rechte vorbehalten
Printed in Germany 1979
Druck und Verarbeitung:
Ebner Ulm
ISBN 3 548 01979 X

CIP-Kurztitelaufnahme
der Deutschen Bibliothek

Alfred Hitchcocks Kriminalmagazin. –
Frankfurt/M, Berlin, Wien: Ullstein.
  Einheitssacht.: Alfred Hitchcock's
  mystery magazine ‹dt.›
NE: Hitchcock, Alfred [Hrsg.]; EST
Bd. 107. Zehn Kriminalstories mit Pfiff
und Pointe / hrsg. von Walter Spiegl.
[Übers. von Gudrun Faltermeier]. – 1979.
  (Ullstein-Bücher; Nr. 1979: Ullstein-
  Krimi)
  ISBN 3-548-01979-X
NE: Spiegl, Walter [Hrsg.]

ALFRED HITCHCOCKS KRIMINALMAGAZIN

BAND 107

ZEHN KRIMINALSTORIES
MIT PFIFF UND POINTE

Herausgegeben
von Walter Spiegl

Ullstein Krimi

Inhalt

Frank Sisk

Termiten!

»Wenn du die Wahrheit wissen willst, Ed«, sagte Miss Muldoon ganz ernst, »ich versuche den Rest meines Lebens so schnell wie möglich hinter mich zu bringen.«

Dr. med. Edwin Coleman taxierte die übersprudelnde alte Dame auf der anderen Seite des Tisches aus sympathischen, blauen Augen, in denen sich eine Spur Belustigung zeigte. »Wann, zum Teufel, hast du diese Richtung eingeschlagen, Peg?«

»Als ein Tropfen Whisky mir nicht mehr die Winterkälte aus den Knochen vertreiben konnte.«

»Physisch bist du genauso in Ordnung wie der Regen, das weißt du doch.«

»Und ebenso feucht ist meine Gemütsverfassung. Ich gehöre zum alten Eisen, Ed.«

»Du hattest schon früher Tiefpunkte, dich aber immer wieder gefangen.«

»Der alte Schwung ist unwiderruflich dahin. Vor einigen Wochen, bei meiner dreiundsiebzigsten Geburtstagsfeier – eigentlich kaum das richtige Wort dafür –, erkannte ich bestürzt, daß alles im Leben so furchtbar langweilig und monoton wurde. So einfach ist das, Ed.«

»Das ist nicht nett, Peg. Du hast Geburtstag und versäumst es, mich zur Feier einzuladen.«

»Du wärst ohnehin nicht gekommen. Meine fette, junge Verwandtschaft war da.«

»Die Sheehans? Na ja, fett sind sie, das stimmt, aber jung würde ich sie nicht gerade nennen.«

»In meinem Alter ist jeder unter fünfzig jung. Aber sie sind gekommen, alle fünfhundert Pfund zusammen. Uneingeladen. Schneiten einfach zufällig herein, mit einem drei Tage alten Schokoladenkuchen und einer Flasche Kochsherry.«

»Klingt lustig.«

»Wenn du zwei korpulente Geier magst.« Miss Muldoon senkte ihre zarten Lider über die blaßgrünen Augen, als wolle sie solch abscheuliche Bilder verbannen. »Sie nehmen jede Gelegenheit wahr, um unter anderem meinen Gesundheitszustand zu überprüfen. Vielleicht erinnerst du dich, daß Terence vorgibt, im Immobiliengeschäft tätig zu sein; Gott allein weiß, ob er jemals einen Abschluß zustandegebracht hat. Tja, Terence verbringt einen Teil jedes Besuchs damit, laut zu schätzen, was mein Haus und mein Grundstück bei dem steigenden Bedarf einbringen würden. Und seine Schwester Maureen – eine Kusine, die zu küssen mir immer schwerer fällt – macht eine mehr oder weniger heimliche Bestandsaufnahme sämtlicher Wertgegenstände. Das Sterlingsilber, das chinesische Porzellan, die Kristallgläser.« Sie enthüllte mit einem Seufzer ihre Augen. »Ganz offensichtlich können sie es kaum erwarten, bis mein Testament verlesen wird.«

»Sie sind also in deinem Testament bedacht?«

»Größtenteils aus Achtung vor Vaters Wünschen. Er glaubte fest daran, daß Blut dicker sei als Wasser; möge seine Seele in Frieden ruhen mit diesem gefühlvollen Unsinn.«

»Bedachte sie dein Vater nicht in seinem Testament?«

»Natürlich. Genug, um ihren Appetit anzuregen. Tatsache ist, daß mein Vater praktisch für den Unterhalt seiner Schwester – meiner Tante Liz – und dieser zwei verzogenen Rangen aufkam, nachdem Liz' Mann auf dem Höhepunkt seiner Karriere als Drei-Flaschen-Säufer abgekratzt war. Als Liz dann selbst starb, waren die Rangen ausgewachsene Lümmel. Vater kaufte das Haus, das sie gemietet hatten, und schenkte ihnen sofort die Übereignungs-urkunde.«

»Alles in allem scheinen sich die Sheehans an den Muldoons gesundgestoßen zu haben«, sagte Dr. Coleman.

»Und es wird ihnen noch besser gehen, wenn ich im Kasten und eingebuddelt bin«, antwortete Miss Muldoon mit einem gewissen stolzen Ernst.

»Du ärgerst dich über sie, versorgst sie aber trotzdem.«

»Sie sind ein häßliches Paar, mein Herr, doch sie gehören mir.«

»Manchmal verstehe ich dich wirklich nicht, Peg.«

»Ich hab Bard zitiert.«

»Das ist mir bekannt. Was ich meine ist –«

»Wenn du in meinem Alter bist«, fuhr sie in klagendem Ton fort, »ohne Kind und Kegel, wenn sich alle deine alten Freunde die Radieschen schon von unten besehen, empfindest du Dank für jedes bißchen Aufmerksamkeit, selbst wenn diese total selbst-süchtig ist. Man ist sozusagen wie ein eine brennend heiße Wüste durchquerender Mensch, der vor Durst phantasiert. Man begrüßt die über einem kreisenden Geier, weil man weiß, daß man noch lebt, solange sie da sind.«

»Eine schöne Metapher«, lächelte der Doktor. »Es geht mich ja nichts an, Peg, aber beabsichtigst du ihnen dein ganzes Vermögen zu hinterlassen – « Er unterbrach sich sichtbar bestürzt. »Ich halt besser den Mund.«

Miss Muldoon bedachte ihn mit einem naseweisen Grinsen. »Nein, sie bekommen nicht alles. Ich habe deine Vorliebe für die Wohlfahrtseinrichtung nicht vergessen.«

Colemans Vorliebe galt dem Institut für Taubstumme. Er hatte viel Zeit und Geld darauf verwandt, den Stiftungsfonds aufzubessern, seit sein einziger, taub geborener Sohn mit neun Jahren unter ein Feuerwehrauto gerannt war, weil er die Sirene nicht hören konnte.

»Es ist eine treffliche Sache«, meinte der Doktor.

»Ich weiß, und Vater wußte es auch, aber ich werd mehr für dich tun als Vater. Du wirst sehr erfreut sein, wenn's mal soweit ist.«

»Ich kann dir versichern, Peg, daß dieser Tag in weiter Ferne liegt. Wenn du einen kleinen Rat annehmen willst von einem Freund, der nicht viel jünger ist als du, schlage ich vor, du verläßt dieses alte Mausoleum, in dem du wohnst. Ein paar Monate auf Reisen sollten dich eigentlich wieder munter machen. Irland ist zu dieser Jahreszeit wunderschön, besonders zwischen Tralee und Dingle.«

»Ich werd's mir überlegen. In der Zwischenzeit würde ich es begrüßen, wenn du mir wieder mein Rezept ausstelltest.«

Miss Muldoon war nicht auf den Kopf gefallen.

Sie wußte, daß das Rezept, das Ed Coleman ihr die letzten paar Jahre gekritzelt hatte, nur ein harmloses Beruhigungsmittel war – niemals mehr als eine vor dem Schlafengehen, und nur, wenn der Schlaf nicht von selbst kommen will – aber eben bloß eine harmlose Beruhigungspille.

Zucker mit Geschmack, dachte sie, während Herbert ihr auf den Rücksitz des Chryslers half; und alles nett verpackt. So sind die Kapseln für eine alte Dame beschaffen.

Diesmal hatte sie jedoch eine besondere Verwendung dafür.

Herbert schlüpfte hinters Steuer und wandte ihr dann sein

häßliches Gesicht zu.

»O'Haras Apotheke, Herbert.«

»Jawohl, Miss.«

Der Wagen mit Klimaanlage glitt sanft vom Parkplatz des Gemeindekrankenhauses und fuhr in gleichmäßigem Fünfzig-Stundenkilometer-Tempo – nicht mehr und nicht weniger – fünf Häuserblöcke entlang einer sonnenbeschienenen Hauptstraße, die zu beiden Seiten schöne, alte Wohnhäuser säumten.

O'Haras einst schlichte Fassade war nach Miss Muldoons Meinung etwas protzig, seit der Junior das Geschäft von seinem Vater übernommen hatte, aber das war der traurige Lauf der Welt.

Herbert half ihr aus dem Wagen.

Der Junior bediente selbst. Sein sich bereits lichtendes, rotes Haar und seine immer stärker werdenden Augengläser verwandelten ihn mehr und mehr in das Ebenbild seines Vaters; dieser verschaukelte jetzt das Leben auf der Veranda eines Genesungsheims und träumte wahrscheinlich von vergangenem Zauber mit Mörser und Stößel.

»Guten Tag, Miss Muldoon«, begrüßte O'Hara sie mit einem liebenswürdigen Lächeln. »Meine Güte, sehen wir heute wieder gesund aus.«

»Ich bezweifle, daß ich es bin, und weiß, daß Sie es nicht sind. Wirklich, O'Hara, Sie erscheinen einem heute sehr blaß.«

»Das Gleiche hat meine Frau auch gesagt. Vermutlich bin ich urlaubsreif.«

»Überarbeitet. Aber bevor Sie zumachen, geben Sie mir bitte dieses Rezept.«

»Gewiß.« Er nahm das Formular, das sie ihm reichte, überflog Dr. Colemans Gekritzel und nickte. »Ist im Nu fertig.«

Einige Minuten später kam er aus der pharmazeutischen Abteilung mit einem kleinen, braunen Fläschchen, das er in eine Papiertüte fallen ließ. »Das Etikett wiederholt die Warnung des Doktors, Miss Muldoon. Niemals mehr als eine Kapsel innerhalb von vierundzwanzig Stunden. Sie werden sicher darauf achten, nicht wahr?«

»Natürlich. Was bin ich schuldig?«

»Fünf siebzig.«

Der Preis für Zucker ist sicher in die Höhe geschossen, dachte sie, aber wenn Ed Coleman und Junior O'Hara eine Fiktion aufrecht zu erhalten beabsichtigen, mußten sie ihrer Meinung nach auch einen logischen Preis dafür beibehalten.

Als der Chrysler in die lange Auffahrt einbog und auf das alte Wagenhaus zusteuerte, das in den 20er Jahren zu einer Garage für drei Autos umgebaut wurde, stimmte Miss Muldoon mürrisch der Feststellung des Doktors über das alte Haus bei. Es war wirklich ein Mausoleum.

Zu Lebzeiten ihres Vaters trug es immer einen strahlend weißen Verputz. Das letzte Jahrzehnt war es grau, weil das Grau den Schmutz verbarg und nicht alle vier Jahre abgekratzt und neu aufgetragen werden mußte.

Jetzt glich das Haus jedoch irgendwie dem Mittelstück eines Kampfschiffs durch die großflächige, mit Stützpfeilern versehene Veranda, die beiden Balkone im oberen Stockwerk, die über hohe Fassadenfenster hinausstanden, das hochaufragende Kuppeldach und die von einem Geländer umgebene Witwenpromenade.

»Soll ich den Wagen in die Garage fahren, Miss?« fragte Herbert.

»Ja, ich brauche ihn heute nicht mehr.«

Er bremste das Auto vor der vergitterten Promenade, die zum Nebeneingang führte, sanft ab und half ihr beim Aussteigen.

»Ach Herbert«, sagte sie, als er ihren Arm freigab. »Weil ich gerade dran denk. Kommen Sie und Agnes doch in etwa zehn Minuten zu mir ins Wohnzimmer. Es wird Zeit, daß wir euren Urlaub festlegen. Ist Ihnen bewußt, daß wir heute bereits den 6. Juni haben?«

»Jawohl, Miss.«

Agnes, die Haushälterin, war Herberts Frau. Gemeinsam hatten sie die letzten acht Jahre Miss Muldoon gewissenhaft versorgt. Von Anfang an bestand ein gegenseitiges Übereinkommen, daß sie in den letzten drei Juniwochen bezahlten Urlaub bekommen würden. Sie benützten diese Zeit, um ihre verheiratete Tochter in Sandusky, Ohio, zu besuchen; dort wandten sie beträchtliche Energie dafür auf, eine bis ins Endlose wuchernde Enkelkinderschar zu verwöhnen. Jedesmal kehrten sie überaus stolz und äußerst erschöpft zurück.

Miss Muldoon verbrachte gewöhnlich die gleiche Zeitspanne,

um in der Umgebung von Boston herumzustrolchen, das mit Dublin um ihre Gunst als Lieblingsstadt wetteiferte.

Dieses Jahr hatte sie jedoch andere Pläne.

Sie stieg über die Vordertreppe in den zweiten Stock hinauf, und als sie oben ankam, sagte sie zu sich selbst zum hundertstenmal in ebensoviel Tagen, daß es eine gute Idee wäre, einen kleinen Aufzug einbauen zu lassen.

Agnes und Herbert traten ihren Urlaub am 10. Juni an. Eine Stunde nach ihrer Abreise rief Miss Muldoon ihre dicken, jungen Verwandten an, die Sheehans. Aus alter Gewohnheit dachte sie an sie als »jung«, obwohl Maureen sich den Fünfzigern näherte und Terence ihr auf den Fersen folgte. Aber als sie auf die Welt gekommen waren – hungrig nach all ihren Herrlichkeiten –, war sie selbst schon gute zwanzig.

Maureen meldete sich am Telefon mit einer undeutlichen Äußerung.

»Hier spricht Kusine Margaret«, sagte Miss Muldoon. »Was ist los mit dir, Maureen?«

»Einen Augenblick.«

»Was, in drei Teufels Namen, tut dir denn weh?«

»Nich . . .« Das Geräusch hastigen Schluckens. »Entschuldige, Margaret. Ich habe einen Krapfen gegessen.«

Das hätte ich mir denken können, sagte Miss Muldoon zu sich selbst. »Ich ruf an, weil ich dich um einen Gefallen bitten möchte, Maureen.«

»Einen Gefallen?«

»Ja.«

»Einen Gefallen?«

»Du weißt doch, was ein Gefallen ist, oder nicht? Du hast genug davon erwiesen bekommen.«

»Welche Art von Gefallen, Margaret?« Sie sprach das Schlüsselwort mit einer Spur Angst aus.

»Reg dich nicht auf, Maureen. Es kostet dich keinen Pfennig, nur ein bißchen Zeit.«

»Was immer du willst, Margaret.«

»Nun, ich bin nicht ganz in Ordnung. Ein Anflug von Fieber und Kopfschmerzen. Und wie es das Schicksal will, haben Agnes und Herbert ihren Jahresurlaub. Deshalb wüßte ich gerne, ob du und Terence etwas dagegen einzuwenden hättet, herüberzukommen und mich ein paar Tage zu verwöhnen?«

Würden sie? Nach einer knappen Stunde fuhren sie wie eine Lawine in ihrem zum Bersten vollbeladenen Peugeot vor.

Miss Muldoon empfing sie am Seiteneingang. Sie führte die beiden mit den Koffern in der Hand die knarrende Hintertreppe hinauf und wies jedem ein nach hinten hinausgehendes Schlafzimmer mit Bad zu.

»Hier werdet ihr genausoviel Ruhe haben, als wärt ihr in eurem eigenen Heim«, versicherte sie. »Meine Privatgemächer liegen, wie ihr wißt, zur Vorderseite des Hauses. Ich versuche, euch so wenig wie möglich zur Last zu fallen.«

»Aber wir sind doch hier, um dir zu helfen«, flötete Maureen. Obwohl sie beinahe zweihundert Pfund auf die Waage brachte und mit Unterarmen ausgestattet war, die einem Metzger Ehre gemacht hätten, besaß sie eine hohe Kleinmädchenstimme. »Dafür sind wir doch da, nicht wahr, Terry?«

»Stimmt genau, Schwester.« Mit zweihundertfünfundneunzig Pfund über ein Meter achtzig groß, schaute Terence aus wie ein Ochse, der zu lang an der Futterkrippe gestanden hat. Ein Schopf weißer Haare unterstrich das Rosarot seines dummen Gesichts. »Deshalb sind wir hier, Margaret. Und es ist seit einer Ewigkeit das erstemal, daß wir über Nacht bleiben.«

»Nicht mehr, seit Onkel John starb«, fügte Maureen hinzu, die es nicht fertigbrachte, einen feinen, verstimmten Unterton zu verbergen.

»Zehn Jahre?« fragte Miss Muldoon mit einschmeichelnder Ungläubigkeit. »Es scheint erst gestern gewesen zu sein, seit Vater in seinem Studierzimmer über den Werken von Yeats entschlummerte.«

»Ein frommer Mann«, flötete Maureen ehrfürchtig.

»Mehr eine Gewächshauspflanze«, konterte Miss Muldoon.

»Ein großzügiger Mann«, bemerkte Terence schwerfällig; dann fügte er mit dem plötzlich verwirrten Ausdruck der Holzkopfbirne eines Hanswurst hinzu: »Eine Gewächshauspflanze? Dein Vater?«

»Ich bezog mich auf Yeats. In seinen letzten Lebensjahren empfand er Temperaturen unter 35 Grad als unerträglich. Ich hörte, er habe einige seiner besten und bedeutendsten Werke im

Dampfbad geschrieben.«

»Yeats?« Maureens wäßrige Augen suchten die ihres Bruders. »Haben wir den jemals getroffen?«

»Einmal bei einem Leichenschmaus, glaub ich«, erwiderte Terence.

»Fühlt euch wie zu Hause«, meinte Miss Muldoon und beendete damit das Gespräch. »Ich muß vor dem Abendessen noch einen Brief schreiben.«

Es war einige Minuten nach sechs. Bequem auf ihrer Chaiselongue im Wohnzimmer liegend genoß Miss Muldoon ein zweites Glas ausgezeichneten Sherrys, als ein diskretes Klopfen an ihrer Schlafzimmertür ertönte.

Sie erhob sich und ging zur halbgeöffneten Wohnzimmertür. Gerade wollte Maureen auf dem Flur noch einmal anklopfen.

»Ich bin hier«, rief Miss Muldoon.

»Ach ja. Es ist Zeit fürs Abendessen, Margaret.«

»Ich werde mich mit einem Teller Suppe begnügen.«

»Eine besondere Sorte, Margaret?«

»Heute bin ich nicht wählerisch, Maureen.«

»Auf den Speisekammerborden steht eine reichhaltige Auswahl. Terry und ich dachten, wir würden Ochsenschwanz nehmen.«

»Das wär mir auch sehr recht.«

»In ein paar Minuten bringe ich dir eine Tasse herauf.«

»Das ist nicht nötig, Maureen. Ich werd runterkommen.«

»Aber Margaret, wenn du dich doch nicht wohl fühlst –«

»Wird's mir durch einen langen Marsch die Treppen hinunter besser gehen.«

Die Sheehans, beide waren sie in der Küche tüchtig, wenn auch in nichts anderem, hatten es mit sich selbst sehr gut gemeint.

Auf die Suppe, die sie im Handumdrehen auslöffelten, folgte eine Speisefolge, die Falstaff hätte scheitern lassen, wobei sie sich bildlich die Hemdsärmel hochkrempelten und hineingruben: dicke Lendensteaks, Kartoffelbreiberge, übergossen mit brauner Bratensoße, Spargelbündel mit holländischer Sauce und eine riesige Portion Waldorfsalat, vervollständigt durch heiße Butterröllchen und große Schlucke dunklen, deutschen Biers.

Noch immer über ihrer Suppe tändelnd, bemerkte Miss Muldoon: »Na, ihr scheint ja alles gefunden zu haben.«

»Hatte Schwierigkeiten, die Tiefkühltruhe ausfindig zu machen«, preßte Terence während des Kauvorgangs heraus. »Früher unten im Keller. Jetzt oben.«

Miss Muldoon erklärte: »Es ist auch eine andere Tiefkühltruhe als zu Vaters Zeiten.«

»Dacht ich mir. Kleiner.«

»Leistungsfähiger.«

»Gut bestückt.« Terence bestrich sich die fünfte oder sechste Semmel mit Butter. »Übrigens, Margaret, weil ich gerade dran denke.« Er biß die halbe Semmel ab. »Pfosten.«

»Was?«

»Pfosten.« Er trank einen großen Schluck Bier. »Die Balken.«

»Ja?«

»Nahe der Tiefkühltruhe. Darüber.«

»Ja?«

»Von Termiten zerfressen.«

»Herbert sagte neulich auch etwas Ähnliches.«

»Gefährlich, Margaret.«

»Kann ich mir vorstellen.«

»Solltest etwas dagegen tun. Den Besitz anständig erhalten. Seinen Wert wahren.«

»Danke für den Rat, Terence. Ich werd was unternehmen.«

»Je früher, desto besser.«

Als Nachspeise genehmigten sich die Sheehans überdurchschnittlich große Eisbecher mit Früchten, in Fingerschalen aus Waterfordglas.

»Wieviel Waterford hast du, Margaret?« fragte Maureen, wobei sie Miss Muldoon beobachtete, die sich eine Tasse Tee einschenkte.

»Zuviel.«

»Niemand kann zuviel haben. Oh, ich liebe es. Es ist so solide und schwer, sogar die Salz- und Pfefferstreuer.«

»Und teuer«, murmelte Terence, während er sich Eiscreme ins Gesicht schaufelte. »Die beiden Karaffen von Onkel John. Ich ließ mir bei Hunderfords den Preis nennen. Hundertfünfzig jede.«

»Und das war vor Jahren«, ergänzte Maureen. »Ich wette,

heute sind sie viel mehr wert, durch die Inflation und so.«

Miss Muldoon entschloß sich, einen Köder in Aussicht zu stellen. »Ich sollte einige der nützlicheren Dinge – Weingläser, Konfektschalen und dergleichen – heraussuchen und sie euch beiden jetzt schon geben.«

Ein Schimmer Geiz glimmte in Maureens gewöhnlich leeren Augen auf. »Gott, Margaret, das wäre wunderbar.«

»Schließlich bekommt ihr den ganzen Kram demnächst ohnehin.«

Terence schleckte Schlagsahne von den sabbernden Lippen. »Sicher können wir die Stücke jetzt auswählen, während wir hier sind.«

»Nicht so schnell.« Miss Muldoon hob ihre zarte, aber gebieterische Hand. »Alles zur von mir festgesetzten Zeit.«

»Aber natürlich, Margaret, natürlich«, erwiderte Maureen hastig.

»Wenn ihr mich entschuldigen wollt, ziehe ich mich zurück.« Miss Muldoon erhob sich, ging auf die Dielentür zu, dann machte sie Halt und drehte sich etwas unsicher um. »Ich glaube, ich werd heute nacht ein wenig von meinem Beruhigungsmittel nehmen. Wo hab ich nur die Kapseln hingelegt?«

Die Sheehans schwiegen.

»Ich hab sie wahrscheinlich im Bad neben der Küche gelassen.«

»Ich schau nach«, bot Maureen an, hievte sich aus dem Stuhl und watschelte durch den Dienstboteneingang.

»Erzähl mir nicht, Margaret, daß du Medizin einnehmen mußt, um schlafen zu können«, sagte Terence mit einem anklagenden Ton in der Stimme.

»Selten.«

»Ich selbst, ich schlaf wie ein Holzklotz.«

Und ißt wie ein Schwein, fügte Miss Muldoon im stillen hinzu.

Maureen kam zurück. »Ist es das?« Sie zeigte das braune Fläschchen vor. »Von O'Hara?«

»Ja, danke.« Miss Muldoon öffnete den Deckel und kippte eine einzelne Kapsel auf die Hand. »Eine erfüllt ihren Zweck.« Sie verschloß den Deckel wieder und reichte das Fläschchen Maureen zurück. »Ich wär dir sehr dankbar, wenn du's dorthin zurücktun würdest, wo du's gefunden hast. Ich mag es nicht in Griffweite haben. In meinem Alter nehme ich eventuell geistesabwesend eine weitere Kapsel ein, und das könnte das Ende bedeuten.«

Obwohl Miss Muldoon den Aphorismus über das Verhältnis der Dicke von Blut – Wasser nicht billigte, erwartete sie nicht, daß die Sheehans ihn tatsächlich widerlegen würden. Nicht daß sie deren Gier und Dummheit unterschätzte, aber sie hatte bei ihnen immer einen ungeschickten Selbsterhaltungtrieb vermutet. Sie waren so lange die mutmaßlichen Erben gewesen, daß sie diese Position niemals riskieren würden auf Grund eines leichtsinnigen Spiels, das sie eventuell wirklich zu Erben machen könnte.

Am nächsten Morgen um acht Uhr wurde an ihrer Schlafzimmertür zweimal höflich geklopft.

Miss Muldoon war bereits hellwach. Sie saß von Kissen gestützt im Bett und brütete stirnrunzelnd über den Prosawerken von Jonathan Swift, einem der Lieblingsbücher ihres Vaters, das sie die meiste Zeit ihres Lebens versucht hatte schätzen zu lernen. »Komm durchs Wohnzimmer rein«, rief sie. »Die Schlafzimmertür ist abgesperrt.«

Es erfolgte eine gedämpfte Antwort. Einen Augenblick später füllte Maureen den Wohnzimmereingang. Sie trug ein schwer beladenes Tablett, und ein heiteres Lächeln kräuselte ihr Gesicht, ohne jemals die matten Augen zu erreichen. »Hast du gut geschlafen?« fragte sie.

»Ausgezeichnet, danke.«

»Wir dachten, dir würde ein gutes Frühstück schmecken. Gestern abend hast du wie ein Vogel gegessen.«

»Das schaut aus, als würd's für die Bürgerwehr von Cork ausreichen.«

»Rühreier mit Pilzen. Teekuchen und Marmelade.« Maureen klappte die Tablettbeine auseinander und stellte es über den Schoß ihrer Kusine. »Und eine Kanne Kaffee.«

»Stell's nicht hierher«, gebot Miss Muldoon barsch. »Ich kann es nicht leiden, im Bett zu essen. Stell's dort hinüber auf den Schreibtisch.«

Maureen sah wie ein geschlagenes Kind aus. »Du meinst, du magst kein Frühstück?«

»Das hab ich nicht gesagt, Maureen. Ich will es nur einfach nicht zusammen mit mir in dem verdammten Bett.«

»Du wirst es also essen?«

»Sobald ich mir das Gesicht gewaschen und die Zähne einge-setzt habe.«

Wie auf ein unausgesprochenes Stichwort hin zog sich Maureen zögernd zurück.

Miss Muldoon schlüpfte aus dem Bett und in ein paar alte Hausschuhe. Sie ging zum Tablett und hob den Silberdeckel hoch. Mit einer Gabel stocherte sie in den Eiern herum.

So süß wie Kandiszucker.

Sie goß eine Tasse Kaffee ein und schlürfte ihn schwarz und ohne Zucker.

Wie Sirup.

Dumme Teufel, dachte sie. Sie konnten es nicht erwarten.

Eine Stunde später traf Miss Muldoon vollständig angezogen im Speisezimmer auf die Sheehans. Sie hielten sich bei den Resten eines Mahles auf, das gemessen an Anzahl und Vielfalt der auf dem Tisch stehenden Schüsseln sehr üppig gewesen sein mußte.

Ihr Kommen überraschte sie ganz offenbar. Beider verblüffte Augenpaare wanderten gleichzeitig zum Tablett, das sie trug.

Terence gelang es schließlich zu sprechen. »Wie fühlst du dich, Margaret?«

»Sauwohl.«

Maureen blinzelte, als hätte sie eine unwillkommene Erschei-nung. »Hat es dir geschmeckt, dein – äh – dein – äh«

»Die Eier?«

»Ja.«

»Ich meide sie. Zuviel Cholesterin. Ich trinke auch nie Kaffee. Tee ist mein Getränk – Tee und – gelegentlich – Whisky.«

»Das hättest du uns sagen sollen«, rügte Terence.

»Ihr hättet es wissen müssen«, widersprach Miss Muldoon, die sich in boshafter Laune und sehr lebendig fühlte.

Sie ging in die Küche und stellte das Tablett im Spülbecken ab. Dann betrat sie das Badezimmer und überprüfte den Arznei-schrank. Das braune Fläschchen war noch da – aber leer.

»Ich hab euch lange genug beansprucht«, meinte Miss Mul-doon nach dem Mittagessen.

Die Sheehans murmelten gemeinsamen Protest.

»Aber ich muß euch nochmals belästigen.«

Die Sheehans versuchten, sorglos zu scheinen.

»Ich wär euch sehr verbunden«, fuhr sie fort, »wenn ihr mich auf eurer Rückfahrt vorm Gemeindekrankenhaus absetzen würdet.«

»Auf unserer Rückfahrt?« Wieder sprachen die Sheehans gleichzeitig, mit geteiltem Erstaunen.

»Hab ich doch gesagt.«

»Aber wir dachten –«

»Ich weiß eure Besorgnis um meine Gesundheit zu schätzen, aber der Schlaf der letzten Nacht hat mir tatsächlich meinen normalen Zustand wieder zurückgebracht.«

»Aber wir hatten vor –«

»Ich habe in dreißig Minuten einen Termin bei Doktor Coleman.«

Terence fuhr, Maureen saß Schulter an Schulter mit ihm auf dem Beifahrersitz.

Miss Muldoon auf dem Rücksitz fühlte den Peugeot vor Fleisch und verdrießlicher Stille überquellen. Die Sheehans waren offensichtlich bestürzt und wahnsinnig erregt.

Als sich der Wagen dem Gemeindekrankenhaus näherte, wagte Maureen mit ihrer paradox mädchenhaften Stimme zu äußern: »Ich dachte gerade daran, was du über das Waterfordglas gesagt hast, Margaret.«

»Ja?«

»Willst du noch immer –?«

»Natürlich.« Arme Toren, möchten immer noch organisieren.

»Aber wann?« brummte Terence bärbeißig.

»In ein paar Tagen.«

Fast fühlbar lockerten sich die straff gespannten Sehnen.

Dr. Coleman sagte: »Verflucht, Peg, wenn du keine neue Frau bist.«

»Eine alte, Ed, mit neuer Lebensfrist.«

»So gut wie neu.«

»Wenn wir schon vom Alten sprechen, es geht um mein Haus. Termiten haben das Gebälk zerfressen. Und um Vaters willen will ich den Schaden, den sie angerichtet haben, beheben. Hast du keine Zimmerleute in deinem Institut?«

»Wir unterrichten sie in allen Handwerkssparten, Peg. Der

17

beste Zimmermann ist ein junger Bursche, den ich mir selbst immer hole – Brian Healy. Taubstumm, aber mit Hammer und Säge ein wahres Genie.«

»Ist er unabhängig, um für mich einige Arbeiten erledigen zu können?«

»Nicht unabhängig, aber keiner Gewerkschaft angeschlossen.«

»Ich werde ihm den von der Gewerkschaft festgesetzten Lohn bezahlen und eine Extraprämie obendrein, wenn er morgen früh zur Arbeit erscheint.«

»Er wird zur Stelle sein. Aber warum die Eile, Peg?«

»Ich möchte das alte Grasstück mit ruhigem Gewissen besuchen, Ed.«

»Irland weiß es zu schätzen.«

Brian Healy, ein sommersprossiger Junge mit dichtem, rotem Haarschopf überflog grübelnd Miss Muldoons geschriebene Anweisungen und schaute sie dann an.

»Verstehst du, Brian?«

Brian nickte und machte sich an die Arbeit.

Drei Tage später rief Miss Muldoon die Sheehans an und teilte Maureen, die den Anruf entgegennahm, mit, daß eine Schachtel mit Waterfordglas gepackt sei und für sie bereit stehe.

»Ich schlage vor, ihr holt sie bald«, riet sie, »denn ich will auf Reisen gehen, sobald Agnes und Herbert zurück sind.«

»Oh, herrlich«, zwitscherte Maureen, »wir kommen morgen früh vorbei.«

Und tatsächlich trafen alle fünfhundert Pfund zusammen ein.

Miss Muldoon führte sie hinauf in ihr Schlafzimmer und deutete auf einen alten Reiseschrankkoffer mit Ledergriffen zu beiden Seiten.

»Das gehört euch«, sagte sie.

»Der Schrankkoffer selbst ist eine Antiquität«, gurrte Maureen. »Wir sind einfach sprachlos, Margaret. Nicht wahr, Terence?«

»Du nimmst den einen Griff. Ich pack den anderen «, entgegnete Terence.

»Herrlich, er ist schwer«, freute sich Maureen.

18

»Verdammt schwer «, brummte Terence. »Welchen Weg nehmen wir?«

Da die Spiegelkommode und das Bett nebeneinander standen, konnten sie den Koffer nicht durch die Schlafzimmertür tragen.

Miss Muldoon bedauerte: »Ich fürchte, ihr müßt durchs Wohnzimmer gehen.«

Gemeinsam hoben sie an. Maureen schien etwas mehr von dem Koffergewicht auf sich zu nehmen als Terence. Beide keuchten vor Anstrengung ständig.

Sie manövrierten ihre Last über die Schwelle und ruhten einen Augenblick schwer atmend aus – doch nur einen Augenblick. Dann, bevor sie noch einen Schritt tun konnten, erklang das qualvolle Bersten von Holz. Als nächstes versank das plumpe, noch immer die Koffergriffe haltende Paar plötzlich aus dem Blickfeld. Vom darunterliegenden Stock, in dem sich der vordere Salon befand, sandten sie ein vereintes Geheul hinauf, das jäh durch das Geräusch von noch mehr splitterndem Holz unterbrochen wurde.

Zwei Tage später war Dr. Coleman am Telefon. »Nun«, sagte er mit seiner trockenen Berufsstimme.

»Danke, es geht mir gut«, versicherte Miss Muldoon.

»Erzähl mir, was dort drüben vorgefallen ist, Peg.«

»Ein bedauerlicher Unfall, Ed.«

»Du hast offensichtlich die Polizei und die Versicherung reingelegt, aber versuch diese Masche nicht bei deinem alten Hausarzt. Denk dran, daß Brian einer von meinen Jungs ist.«

»Und ein feiner Kerl.«

»Das auch. Und er hat mir in so vielen kapriziösen Worten – für dich Zeichensprache – erklärt, daß die Arbeit, die du ihm aufgetragen hast, nichts damit zu tun hatte, den von Termiten verursachten Schaden zu beheben.«

»Hat er dir nicht gesagt, daß er angegriffene Balken und Pfosten absägte?«

»Doch, und er sagte auch, du hättest ihn eine Anzahl überhaupt nicht angegriffener fast durchsägen lassen. Fast!«

»Das war nur, um den Mechanikern die Arbeit zu erleichtern, wenn sie kommen und einen Aufzug einbauen.«

»Dasselbe berichtete er mir auch – und es war das erstemal,

daß ich was von einem Aufzug hörte.«

»Es ging mir schon lange im Kopf herum. Während Brian hier war, beschloß ich, das Projekt in Angriff zu nehmen.«

»Oh, Peg, du bist eine plausible Putzfrau aus Irland. Aber bitte beantworte mir eine Frage. Wie kommt es, daß diese beiden Schwergewichtler über den schwachen Fußbodenteil des zweiten Stockwerks einen Schrankkoffer voller Bücher schleppten?«

»Sie haben mir geholfen, Ed, und einige von Vaters geschätzten irischen Bänden in den Keller transportiert.«

»Aber warum hast du sie nicht gewarnt?«

»Ich habe zu dieser Zeit in dem gemütlichen, unten gelegenen Zimmer geschlafen.«

»Um elf Uhr morgens?«

»Richtig. Ich hab in der Nacht kein Auge zugetan, deshalb beschloß ich nach dem Frühstück, daß ein Nickerchen gut wär.«

»Und ich nehme an, die Sheehans trafen ein, ohne daß du davon wußtest; sie gingen dann direkt hinauf, um sich um den Koffer zu kümmern.«

»Genau.«

»Und du hast sie nicht gehört, bis sie durch zwei Stockwerke hindurch in den Keller fielen?«

»Nein. Und du kannst es mir glauben, Ed, wenn ich dir versichere, daß es die Schuld jener Kapseln war, die du mir immer verschreibst. Ich nahm eine, bevor ich mich hinlegte, und wie gewöhnlich löschte sie mich aus wie eine Flamme.«

Am anderen Ende des Telefons dauerte die Stille an, dauerte und dauerte.

Originaltitel: STATELY RUINS. 8/78

Edward D. Hoch

Dame oder Löwe

Nach drei Tagen in Ango-Phar wußte Conrad, daß man ihn
töten wollte. In Boston war er angeheuert worden für einen Job,
bei dem ihm für ein paar Wochen Arbeit fünfzigtausend Dollar
plus Spesen garantiert wurden. Sofort war er an Bord eines
Flugzeugs geeilt, das zum erstenmal auf den Kanarischen Inseln
zwischenlandete. Conrad war Elektronikexperte, Spezialist für
Wanzen und Abhöranlagen. Seine Dienste mußten teuer bezahlt
werden, doch Geld spielte für den Ölscheich von Ango-Phar
keine Rolle.

Der kleine Staat am Persischen Golf bestand in Wirklichkeit
aus fünf arabischen Scheichtümern. Das Bündnis war in den
frühen siebziger Jahren notwendig geworden, als der Ölhandel
diese sandigen Wüsten mit Gewalt ins zwanzigste Jahrhundert
trieb. Ango-Phars Herrscher war der mächtigste der fünf
Scheichs: Dy bin Rayid, bei seinen Leuten als »Der Löwe des
Golfs« bekannt. Er war ein gutaussehender Mann mit Bart,
Anfang Fünfzig, voll des neu erworbenen Wissens über die westli-
che Zivilisation, das täglich auf ihn einstürmte. Conrads erstes
Zusammentreffen mit dem Scheich – am zweiten Tag in diesem
Land – brachte genau die Art Unterhaltung, die er erwartet hatte.

»Ah, Conrad«, sagte der Scheich und erhob sich zur Begrü-
ßung. »Ich hoffe, Sie finden den Komfort hier nach Ihrem Geschmack.«

»Alles ist vorzüglich. Ihr ganzes Land ist herrlich.«

»Vieles, was Sie sehen, hat vor fünf Jahren noch nicht einmal
existiert.« Stolz lag in der Stimme des Löwen. »Ich habe mein
Volk von der Armut befreit, über Nacht aus Wüstennomaden
Stadtbewohner gemacht.«

»Und sie sind glücklich?«

Scheich Rayid breitete die Arme aus. »Was ist Glücklichsein?
Für einige – besonders unsere Frauen – erfolgte die Umstellung
zu schnell. Sie sind an schwarze Kleider und verhüllte Gesichter
gewöhnt. Aber die Jungen wollen nicht mehr; sie haben in den
Geschäften die neuesten westlichen Kleider gesehen und wollen
Farben wie der Pfau, wollen nackte Gesichter. Meine eigene

Tochter – « Er ließ den Satz unvollendet, aber es war klar, daß sich die Probleme auch auf den Haushalt des Herrschers ausgedehnt hatten.

»Der Ölreichtum verändert das Gesicht des gesamten Mittleren Ostens«, stimmte Conrad zu. »Zum Besseren oder Schlechteren.«

Der Scheich lächelte wieder. »Dieser schlechtere Teil bringt Männer wie Sie hierher, Mr. Conrad. Ihr Landsmann und Namensvetter, Joseph Conrad, schrieb über eine frühere Generation; diese wanderte die Urwaldflüsse hinauf, um die Wilden zu zähmen – wie Sie hierher kamen.«

»Joseph Conrad war Engländer«, verbesserte Conrad. »Oder Pole, wenn man spitzfindig sein will. Und seinen Helden erging es in fremden Ländern meist nicht sehr gut.«

»Ihnen wird es besser gehen. Haben Sie alles Material, das Sie brauchen?«

»Ja.«

»Und Alja hat Ihnen Ihre Aufgabe erklärt?«

»Das Wohnhaus und alle Büroräume sollen mit Wanzen versehen, die Telefonleitungen angezapft werden. Sie wollen Tonbandgeräte, die durch die Stimme in Betrieb gesetzt werden und jedes Wort aufnehmen.«

»Genau wie bei Ihrem Mr. Nixon.«

»Ich hoffe, das Schicksal meint es mit Ihnen besser.« Conrad stand auf. Das Gespräch brachte nichts, außer daß es ihn davon abhielt, sein Geld zu verdienen. »Es war schön, Sie kennengelernt zu haben, Scheich Rayid.«

Die Augen des Scheichs verhärteten sich. »Sie sind noch nicht entlassen worden.«

»Dann entlassen Sie mich. Ich muß mich an die Arbeit machen.«

Das Lächeln kehrte zurück. »Dann gehen Sie. Alja steht Ihnen zur Verfügung, falls irgendwelche Schwierigkeiten auftauchen sollten.«

Auf seinem Weg durch die Gänge traf Conrad eine wunderschöne, dunkelhaarige junge Frau, deren Augen eine verblüffende Ähnlichkeit mit denen des Scheichs hatten. Das konnte nur seine Tochter sein. Conrad bemerkte sofort, daß ihr Gesicht unverschleiert war.

Und sie trug ein rotes Kleid.

Alja Mohad war am nächsten Tag zur Stelle und überwachte die Arbeit, während Conrad Drähte durch Löcher in der Wand leitete. Der Mann war schrecklich häßlich, und wenn er sprach, schien selbst die beiläufigste Frage eine Drohung zu beinhalten. »Müssen Sie soviele Löcher in die Wand bohren?«

»Hier schon, weil die Wände so dick sind. In einigen anderen Zimmern kann ich Mikrophone benützen.« Er sah die junge Frau vom vorhergehenden Tag im Gang vorbeigehen. »Ist das die Tochter des Scheichs?«

»Ja, das ist Serean. Sie darf nichts davon erfahren. Für sie sind Sie nur Elektriker.«

»Ich verstehe. Großes Geheimnis, hm?«

»Natürlich. So lautete die Abmachung.«

Mehr zum Spaß meinte Conrad: »Wenn ich wieder in Boston bin, werde ich es fürs ›Wochenblatt der Anzapfspezialisten‹ niederschreiben müssen.«

»Nein«, entgegnete Alja schlicht. »Das werden Sie nicht tun.«

Conrad arbeitete weiter, und erst einige Minuten später erfaßte er die ganze Tragweite von Aljas Worten.

Sie wollten ihn umbringen.

Wenn die Aufgabe gelöst war, wollten sie ihn ermorden, so wie auch die Erbauer geheimer Festungsanlagen in früheren Zeiten manchmal hingerichtet wurden.

Conrads erstem Impuls zufolge wollte er hinauf in sein im Gästeflügel liegendes Zimmer eilen und den stubsnasigen 38er Revolver an sich nehmen, den er immer mit sich führte. Es gab viele Möglichkeiten, einen Mann in Ango-Phar umzulegen, aber er wollte es ihnen nicht so einfach machen. Dann, als er wieder klarer denken konnte, entspannte er sich. Es stimmte, daß sie ihn nach Beendigung der Arbeit zu ermorden planten, aber gewiß war er bis dahin sicher. Vielleicht vermochte er sogar als eine Art Scheherezade sein Leben zu verlängern, indem er seine Aufgabe tausendundeinen Tag dauern ließ.

Für den Augenblick konnte der Revolver im Koffer versteckt bleiben.

Zwei Tage später, während er den ersten Abschnitt seiner

Arbeit betrachtete, erhielt Conrad eine Einladung, mit Scheich Rayid und seiner Tochter zu Abend zu essen. Er konnte schwerlich ablehnen, und seine wachsende Neugierde auf die Tochter ließ ihn die Einladung gespannt annehmen.

Als er sich kurz nach sieben Uhr einfand, waren beide – Tochter und Vater – formeller gekleidet als er selbst. Serean trug ein hochgeschlossenes, grünes Kleid, das ihre Arme frei ließ. Das Kleid wäre in dieser Saison in Paris oder New York mehr als angemessen gewesen. Der Scheich trug ein Dinnerjackett, an das eine Ansammlung militärischer Orden geheftet war. »Das ist meine Tochter Serean«, stellte er vor. »Sie wird heute abend mit uns speisen.«

Die dunkelhaarige junge Frau nickte mit ernstem Gesicht und nahm ihren Platz bei Tisch ein. Offensichtlich gab es vor dem Mahl keine Präliminarien. »Sie haben ein wunderschönes Land«, sagte Conrad und setzte sich auf den Stuhl ihr gegenüber an den Tisch.

»Es hat sich verändert.«

»Sicher zum Besseren.«

Der Löwe des Golfs antwortete für sie. »Meine Tochter glaubt, daß ein bedeutender Fortschritt auf dem Gebiet der Frauenrechte stattfinden muß. Ich fürchte, sie ist zu sehr von euren westlichen Ideen der Emanzipation beeinflußt worden.«

Serean hob stolz den Kopf. »Ich beabsichtige nicht, mein Leben so zu verbringen wie meine Mutter – als Bestandteil des Harems von einem Wüstenscheich.«

»Meine Liebe, es gibt keine Wüstenscheichs mehr«, widersprach ihr Vater. »Jetzt leben wir in Palästen, nicht in Zelten.«

»Ändert das etwas für meine Mutter?« entgegnete Serean. Sie begann die Suppe zu essen, dann änderte sie jedoch plötzlich ihren Sinn. Sie legte den Löffel nieder, stand mit einem kaum hörbaren »Entschuldigung« vom Tisch auf und verließ den Raum.

Conrad erwartete fast einen Wutanfall ihres Vaters, doch der Scheich lächelte nur. »Sehen Sie?« fragte er gut gelaunt. »Meine Tochter – die emanzipierte Frau!«

Das Essen verlief ohne weitere Vorkommnisse. Conrad stellte Fragen über das Leben in Ango-Phar. Der Scheich sprach gern über sein Land, und jede Frage erhielt eine wie eine politische Rede klingende Antwort. Conrad zweifelte nicht daran, daß wenn man in Ango-Phar Wahlen abhielte, man den Scheich ins Amt wählen würde.

»Kommen Sie«, sagte der Scheich und trank den letzten Brandy nach dem Essen. »Lassen Sie mich Ihnen meinen Liebling zeigen!«

Conrad folgte ihm einen langen, sonnenüberfluteten Gang hinunter zum rückwärtigen Teil des Palastes. Er war auf alles gefaßt – vom alten Kamel bis zur Wüstentarantel. Scheich Rayid öffnete eine Tür am Ende des Ganges, und sie traten auf einen kleinen Balkon hinaus. Unter ihnen befand sich ein riesiger, afrikanischer Löwe, der zufrieden an einem Knochen nagte.

»Ihr Namensvetter«, scherzte Conrad. »Ist er zahm?«

»Wenn er will. Vielleicht nennt man mich aus dem gleichen Grund den Löwen des Golfs.«

Conrad fragte sich flüchtig, ob der Knochen wohl von einem Menschen stamme, ob er auch in der Löwengrube enden würde, wenn seine Mission erfüllt war.

In dieser Nacht schlief er mit dem Revolver unterm Kopfkissen.

Die Arbeit machte Fortschritte.

Jeden Tag, während er die durch Stimmen in Betrieb gesetzten Tonbandgeräte installierte und das System unter den aufmerksamen Augen Aljas überprüfte, war ihm bewußt, daß sich seine Arbeit immer mehr dem Ende näherte. Bald würde er fertig sein, und es wäre kein Grund mehr vorhanden, ihn am Leben zu lassen.

Er bereitete seinen Fluchtplan sorgfältig vor, indem er für den Tag vor seiner offiziellen Abreise einen Platz im Flugzeug nach Paris buchte. Mit etwas Glück konnte er fort sein, bevor sie es merkten. Mit Glück.

Gegen Ende seines Aufenthalts, für denselben Tag, an dem die letzten Installationen gemacht worden waren, lud ihn Scheich Rayid noch einmal zum Abendessen ein. Serean war auch anwesend und blieb diesmal während des ganzen Essens, obgleich sie wenig zur Unterhaltung beitrug. Es war augenscheinlich, daß sie Conrad mit gewisser Verachtung betrachtete.

»Kommen Sie«, sagte Scheich Rayid, als der Brandy getrunken war. »Ich muß Ihnen etwas zeigen.«

»Einen anderen Löwen?« fragte Conrad lächelnd.

»Etwas viel Moderneres. Meine neueste Errungenschaft aus Ihrem Land. Willst du uns begleiten, Serean?«

»Ich kenne dein ganzes Spielzeug, Vater. Darf ich mich entschuldigen?«

»Sicher.«

Als sie einen anderen Gang hinuntergingen, fragte Conrad: »Warum mag mich Ihre Tochter nicht? Hoffentlich habe ich sie nicht beleidigt.«

»Nein, nein. Ich hatte gehofft, Sie würden ihr sympathisch sein. Sie kennt so wenig Männer außerhalb ihres Landes; aber vielleicht habe ich ihr zuviel von Ihnen erzählt.«

»Zuviel?«

»Sie müssen bedenken, daß Alja Ihre Vergangenheit ausgekundschaftet hat, bevor wir Ihnen eine solche Aufgabe übertrugen. Ich benötigte jemanden, der vollkommen vertrauenswürdig war.«

»Natürlich.«

»Die Sache mit Ihrer früheren Frau – für mich von keinerlei Interesse – könnte ihre Meinung über Sie beeinflußt haben.«

Conrad fröstelte plötzlich. »Sie haben diese Geschichte ausgegraben?«

»Ihre Frau erreichte die Scheidung auf Grund ihrer Aussage, daß Sie sie geschlagen hätten, wenn Sie betrunken waren. Hier im Mittleren Osten hat eine solche Handlung keinerlei Folgen. Es gibt Zeiten, in denen eine Frau geschlagen werden sollte.«

»Es bestand kein Anlaß, Ihrer Tochter davon zu erzählen.«

»Die Tatsache amüsierte mich. Sie zeigt, daß die Unterschiede zwischen unseren beiden Ländern im Endeffekt gar nicht so groß sind. Aber hier – mein neuestes Spielzeug!«

Conrad hätte vielleicht laut gelacht, wenn nicht der offensichtliche Stolz des Scheichs über seinen Besitz gewesen wäre. Statt dessen trat er ins Zimmer und studierte den großen, blanken Fernsehschirm und den Kasten mit Hebeln und Knöpfen, der davor auf dem Tisch stand. Es war ein Videospiel, die Art, die kürzlich in Amerika populär geworden war.

»Schauen Sie«, sagte Scheich Rayid stolz und drehte an dem Gerät. Sofort belebte sich der Bildschirm mit farbigen Linien und einem leuchtend roten Ball, der träge von einer Seite auf die andere hüpfte.

26

»Spielen Sie ein Match mit mir?«

Conrad fand sich vor dem Kasten sitzen und ein paar senkrechte Linien steuern für ein Spiel, das eine leichte Ähnlichkeit mit Tennis hatte. Wer als erster fünfzehn Punkte erzielte, war Gewinner; trotz seiner Vertrautheit mit ähnlichen in Lokalen üblichen Spielen wurde Conrad mit einem Punktstand von 15:6 geschlagen.

»Ah, Sie sehen? Ich habe geübt«, freute sich der Scheich hämisch. »Noch eins?«

»Heute abend nicht, danke«, lehnte Conrad ab. Er konnte nicht umhin, sich verwundert zu fragen, was er als nächstes zu sehen bekommen würde. Ein Löwe und ein Videospiel wären kaum zu übertreffen.

Er zog sich auf sein Zimmer zurück und schlief unruhig. Noch zwei Tage, dann würde er mit seinem Geld Ango-Phar verlassen.

Alles ging glatt, als er am nächsten Tag die letzten Einrichtungen des Systems überprüfte und Alja und dem Scheich zeigte, wie alles funktionierte. »Ein Wunder!« rief der Löwe des Golfs aus. »Ein wahres Wunder!«

Conrad stellte sich im Geiste vor, wie er es seinem nächsten Gast nach dem Abendessen zeigen würde, so wie ihm den Löwen und das Videospiel. Doch nein – dies war ein Spielzeug, das ein Geheimnis bleiben würde. Nur Rayids Feinde mochten von seiner Existenz erfahren, nachdem sie durch ihre eigenen Worte bereits verurteilt waren.

»Wann reisen Sie ab?« fragte Alja, während Conrad die Testausrüstung zusammenräumte.

»In zwei Tagen. Nachdem Sie Zeit hatten, das System auszuprobieren.«

Der Araber nickte und beobachtete ihn aus verschleierten Augen.

Conrad sah die beiden an diesem Tag nicht wieder. Er erhaschte nicht einmal einen Blick von Serean, da er sich ans Packen machte. Aber während er in dieser Nacht dösend dalag – mit dem Revolver unterm Kissen – weckte ihn ein Kratzen an der Tür.

Jemand entfernte das Schloß.

Gespannt wartete er darauf, daß die Tür aufschwang. Grimmig überlegte er, daß sich in einem Roman der Eindringling als

27

Serean herausstellen würde, die gekommen war, um das Lager mit ihm zu teilen. Aber dies hier war das Leben, und da gab es keine erfreulichen Überraschungen. Als sich die Tür öffnete, war es Alja - bewaffnet mit einem Malaienkris mit wellenförmigem Blatt.

Conrad rollte sich vom Bett, als die Waffe heruntersauste; dann schwang er das Bettuch wie ein Gladiatorennetz, um den Araber einzufangen. Er hatte jetzt seinen Revolver in der Hand und ließ dessen Knauf hart auf den verhüllten Kopf herunterfallen. Alja brach mit einem erstickten Grunzen zusammen.

Die Pistole in der Hand, enthüllte Conrad vorsichtig den Araber. Er lebte, war aber bewußtlos; sein Atem kam mit tiefem Rasseln, das einem Schnarchen ähnelte.

Es schien nur zwei Möglichkeiten zu geben. Conrad konnte sich mit dem Revolver seinen Weg aus dem Palast freikämpfen in der Hoffnung, daß er an den Wachen vorbeikommen und irgendwie den Flughafen erreichen würde; oder er konnte Scheich Rayid zur Rede stellen und die ganze Angelegenheit zu einer Entscheidung bringen.

Conrad hatte stets die Konfrontation bevorzugt. Er warf die Pistole aufs Bett, da sie – wie er wußte – gegen Rayids Palastwache wenig ausrichten würde, und packte Alja auf die Schulter.

Er traf keine Wachen, bis er den Eingang zum eigentlichen Palast erreichte. Dort befahl er dem bewaffneten Posten, ihn zu Scheich Rayid zu führen. Der Mann zögerte, dann drückte er einen Knopf für die Gegensprechanlage in der Wand und sagte schnell ein paar Worte. Conrad konnte nichts verstehen. Nachdem der Wachtposten Antwort erhalten hatte, bedeutete er Conrad, ihm den Korridor hinunter zu folgen.

In dem geräumigen Wohnzimmer, in dem er dem Scheich zum erstenmal begegnet war, ließ Conrad Alja auf den Perserteppich fallen und wartete. Nach wenigen Augenblicken erschien Rayid in einem farbenfrohen Kaftan. Er blickte auf Alja und fragte: »Wen haben wir denn da?«

»Er versuchte mich im Schlaf zu erstechen.«

»Ist er tot?«

»Nein. Nur bewußtlos.«

»Warum bringen Sie ihn hierher? Warum haben Sie mich geweckt?«

28

»Weil er auf Ihre Anweisungen hin handelte. Sie wollten mich umbringen lassen, damit Ihr Geheimnis sicher ist.«

Rayid blickte nervös zu dem Wachtposten. »Ich könnte Sie auf der Stelle erschießen lassen.«

»Schauen Sie, ich versuche nicht, Sie zu hintergehen. Lassen Sie mich nur mein Flugzeug erreichen, und es wird keinen Ärger geben.«

»Sie haben gelogen über das Flugzeug, das Sie nehmen wollen. Sie versuchten, einen Tag früher zu verschwinden.«

»Aus gutem Grund! Ich vermutete, daß Sie mich töten würden.«

Der Scheich bedeutete der Wache, draußen zu warten, und stieß mit dem Fuß gegen den bewußtlosen Alja. »Sie müssen ihn sehr hart niedergeschlagen haben.«

»Ja. Darf ich weg von hier?«

»Nur wir drei in diesem Raum wissen etwas über das Abhörsystem. Alja hier erholt sich vielleicht nie mehr von dem Schlag. Wenn Sie auch sterben sollten, wäre das die beste Art von Geheimhaltung. Nur ich wüßte Bescheid.«

»Ich habe Leute zu Hause, die Fragen stellen würden.«

»Ein verhängnisvoller Unfall. Sie sind ausgeglitten und in die Löwengrube gestürzt.«

»Aha – der Löwe!«

»Bei seltenen Anlässen dient er diesem Zweck. Wir sind nicht ohne Hilfsmittel. Ich kann Ihre Rückkehr nach Amerika kaum gestatten; Ihr Wissen könnte mich leicht in eine peinliche Lage bringen.«

»Ich könnte Sie auf der Stelle töten«, entgegnete Conrad, »bevor Sie noch Gelegenheit dazu hätten, die Wache zurückzurufen.«

»Ja, das ist wahr.« Scheich Rayid bedachte die Situation. »Aber Tatsache bleibt, daß Sie dennoch sterben würden. Schauen Sie her – ich mache Ihnen einen fairen Vorschlag. Ich werde mit Ihnen um Ihr Leben spielen!«

»Spielen?«

»Das Spiel, das ich Ihnen letzte Nacht vorgeführt habe. Ich werde mit Ihnen um Ihr Leben spielen.«

»Das ist Wahnsinn!«

»Aber nein. Es ist die einzige Hoffnung, die Ihnen bleibt.

Gewinne ich das Spiel, sind Sie für die Löwengrube bestimmt. Gewinnen Sie, dürfen Sie weiterleben.«

»Und nach Amerika zurückkehren?«

»Das habe ich nicht gesagt. Es gibt eine andere Möglichkeit. Sie können hier in Ango-Phar bleiben – als Mann meiner Tochter.«

»Was!«

»Sie braucht einen Mann. Sie ist in einem Alter, in dem die Ehe wichtig für sie wird. Und ich sähe es gern, wenn sie einen Mann aus dem Westen heiraten würde.

»Und ich wäre Ihr Schwiegersohn?«

»Wenn Sie das Spiel gewinnen.«

»Wo ist der Haken?«

»Nur, daß Sie Ango-Phar niemals verlassen könnten. Aber Sie werden es auf keinen Fall mehr verlassen.«

Conrad dachte an die bewaffneten Wachtposten und die geringen Chancen, sich den Weg in die Freiheit zu erkämpfen. Er dachte an den Löwen.

Und an Serean Rayid.

»Spielen wir«, beschloß er.

Der Scheich ging schnell in Führung.

Es stand 1:0 und dann 2:0, während der rote Ball zwischen den Seiten hin- und hersprang. Conrad begann leicht zu schwitzen. »Ich hätte eine Übungsrunde spielen müssen. Sie haben mich letzte Nacht überlegen geschlagen.«

3:0.

»Ich glaube, wir sind einander ebenbürtig, wenn man es recht bedenkt.«

»Was meinen Sie?«

3:1.

»Nun, gerade haben Sie einen Punkt gewonnen, nicht wahr?«

»Wie oft füttern Sie den Löwen?«

4:1, 5:1.

»Er hat seit einigen Tagen nichts gefressen, Mr. Conrad.«

5:2, 6:2, 6:3.

»Lustig«, sagte Conrad. »Ich dachte gerade daran – wie *Die Dame oder der Tiger.*«

»Was?« 6:4. »Oh, Sie meinen Stockton! Ihren amerikanischen Schriftsteller.« 6:5. »Es gibt keine Tiger in Ango-Phar.«

7:5, 7:6, 7:7.

Der Fernsehschirm flackerte und schien eigenständiges Leben anzunehmen. Scheich Rayid ging mit zwei schnellen Schmetterbällen in Führung, die Conrad völlig schachmatt setzten. 9:7.

»Sie spielen besser als letzte Nacht, Conrad.«

»Es steht auch mehr auf dem Spiel.«

9:8.

9:9.

Jetzt ging Conrad zum erstenmal in Führung, aber sein Triumph war von kurzer Dauer. Der Scheich machte zehn für beide und war dann wieder vorn. 11:10. Und bei fünfzehn Punkten war das Spiel aus.

Er würde seinen Kindern davon erzählen müssen, beschloß Conrad. Falls er jemals lebend hier herauskäme. Und falls seine Ex-Frau es zuließe, sie jemals wieder zu sehen.

11:11.

Der Scheich gewann drei schnelle Durchgänge dazu, während Conrad jämmerlich versagte. Aber dann, bei einem Punktstand von 14:11 und dem Sieg in Reichweite geschah etwas Seltsames. Rayid schien den Ball vorsätzlich zu verpassen und ließ ihn einen Punkt gewinnen.

14:12.

14:13.

Wollte er das Spiel verlieren, um für seine Tochter einen amerikanischen Ehemann zu gewinnen, oder spielte er nur mit Conrad, bevor er ihn dem Löwen vorwarf?

14:14. Rayid hatte ihm einen weiteren Punkt geschenkt.

Aber was jetzt?

Während er den Plastikknopf vor sich drehte und die farbigen Bewegungen auf dem Schirm beobachtete, wußte Conrad, wie Stocktons Held gefühlt haben mußte. Der Scheich hatte das Spiel voll unter Kontrolle, aber wie lautete sein Urteilsspruch? Dame oder Löwe?

14:15.

Das Spiel war vorbei.

Scheich Rayid erhob sich vom Stuhl.

»Ich werde meine Tochter in dein Zimmer bringen lassen«, sagte er.

Conrad ging eine Zeitlang im Innenhof spazieren, genoß die

Nachtluft und dachte über das Glück nach, das ihn am Leben erhalten hatte. Es war ein gutes Land, und der Mond, den er über sich sah, war schließlich derselbe Mond, den sie drüben in Boston auch sahen.

Als Serean seinem Ermessen nach genügend Zeit gehabt hatte, um in sein Zimmer zu gelangen, ging er hinauf und fand sie bereits wartend. »Mein Vater hat mir mitgeteilt«, sagte sie, schöner als in seiner Erinnerung, »daß Sie das Fernsehspiel um mich ausgetragen haben.«

»Wir werden heiraten, Serean, und ich bin sehr glücklich.«

»Ja.«

»Ich will versuchen, dir ein guter Ehemann zu sein.«

»Wie bei Ihrer ersten Frau? Verstehen Sie denn nicht? Versteht mein Vater nicht?«

Und dann kam ihre Hand hinter dem Rücken hervor, und er sah, was sie damit hielt. Sie hatte seine Pistole auf dem Bett gefunden.

»Aber um Himmels willen, Serean! Nicht!«

»Ich will nicht in die Sklaverei verkauft werden wie meine Mutter! Ich will nicht von einem betrunkenen Mann geschlagen und mißhandelt werden!«

»Serean!«

Sie hob den Revolver und schoß ihn zweimal in die Brust.

Er fühlte die Kugeln eindringen und fiel zurück. Als das Leben ihn verließ, erinnerte er sich daran, daß er im Grunde wie einer von Conrads Helden gestorben war – allein in einem Land, das er nie ganz verstanden hatte.

Originaltitel: THE LADY OR THE LION? 11/77

Joyce Harrington

Interessengemeinschaft

New York ist in gewisser Weise eine Kleinstadt. Jeder Hunde-halter weiß, was ich meine. Ein Hund liebt es, nach einem festgelegten Plan spazierenzugehen; er möchte bestimmte, vorher ausgesuchte Marksteine abgehen: jeden Feuerhydranten entlang des Weges, gewisse stadtverkümmerte Bäume, die auch von anderen Hunden bevorzugt werden, die Ecksteine und Eingänge ausgewählter Gebäude und deren Pförtner; bei einigen wedelt er mit dem Schwanz, und anderen droht er mit den gefletschten, geifernden Fangzähnen. Der Hund ist von Natur aus ein hartnäk-kiger Rätselrater; er muß seine Probleme bis zur völligen Zufrie-denheit lösen, bevor er weitermarschiert.

Mein eigener Hund – ein langbeiniger, schwarzhaariger Köter undefinierbarer Herkunft – bildet darin keine Ausnahme. Drei-mal am Tag führt mich Marcus aus dem Apartment, das wir miteinander teilen, und in welchem ich mich mit der Niederschrift meiner Memoiren beschäftige. Ich habe ihm – sicher an seiner Leine befestigt – zu folgen: sechs Häuserblocks die Madison Avenue hinunter, über die Fünfte Straße, mit einem Abstecher durch den Park zurück in die Wohnviertel, dann wieder nach Hause und an die Arbeit. Auf dieser Strecke treffen wir viele andere Hunde. Marcus verachtet die verbrauchten und nervösen Angehörigen seiner Rasse und macht sich ein Vergnügen daraus, ihnen eins auszuwischen. Es gibt da einen champagnerfarbenen Pudel – nicht größer als eine wohlgenährte Stadtratte –, der sein besonderes Opfer ist. Marcus stürzt sich auf diese übertrieben herausgeputzte Kreatur wie ein Zerstörer auf ein unbemerkt seine Fahrspur kreuzendes Segelboot, bis der Pudel in wilder Aufregung seine Herrin dazu veranlaßt, ihn hochzunehmen.

Aber genug von Marcus und seinen Gepflogenheiten. Ich selbst habe mir auf diesen Schlendergängen die Beobachtung von Pas-santen zur Gewohnheit gemacht. Die Menschen sind Sklaven des Alltags. Seit meiner Pensionierung nach langer Berufskarriere, bei der Routine eine sehr geringe Rolle spielte, bereitet es mir einigen Genuß, mich einem Trott anzupassen, bei dem die Ereig-nisse des Tages mit einem gewissen Genauigkeitsgrad vorhergesagt werden können. Das will nicht heißen, daß ich mich völlig ans Nichtstun gewöhnt habe. Manchmal werde ich ruhelos. Ist das der Fall, sind meine früheren Arbeitgeber nur zu froh, mich wieder willkommenheißen und meine Dienste auf einer unabhängigen Basis in Anspruch nehmen zu können.

Ich bin nie verheiratet gewesen, besitze keine anerkannten Kinder, und meine Herkunft ist nur mir bekannt. In meinem Beruf war es besser, keine festen, persönlichen Bindungen einzugehen. Es war ein Einsiedlerleben, aber nicht einsam. Einsamkeit kehrt nur bei denen ein, die sich durch die Anerkennung anderer zu bestätigen suchen. Ich habe immer präzise gewußt, wer und was ich bin, und habe dieser Kenntnis gemäß gelebt. Vielleicht ein ziemlich enthaltsames Leben, aber eines, das mir völlig zusagte. Niemals habe ich eine Frau getroffen, die das tolerieren konnte, was mein heutzutage sogenannter »Lebensstil« war; jede, auf die ich traf und mit der ich herumtändelte – und es gab deren viele –, wollte entweder, daß ich seßhaft würde, oder daß ich mich der Aufgabe widme, ihr ein gutes Leben zu bieten. Ich konnte keines von beiden tun und mir dabei treu bleiben.

Deshalb sind wir hier, Marcus und ich. Er in der Blüte seines Daseins; ich, ein Mischling anderer Art: zwar etwas über dem Berg, aber immer noch präsentierbar, wenn jemand eine Vorliebe für große, schlanke Männer mit grauen Schläfen hat – und mit einem Gesicht, das selbst in seinen besten Tagen höflich als durchfurcht bezeichnet wurde; jetzt trägt es die Linien eines Lebens voller Desillusion und eines zynischen Humors. Andererseits erfreue ich mich bester Gesundheit und eines annehmbar guten Geisteszustands angesichts des Schwindens jeglicher Eleganz und der Interpretation aller menschlichen Gefühle durch Schlagworte und Slogans. Ich habe niemals an einer »Persönlichkeitskrise« gelitten, noch wurde ich das Opfer der »Nachwuchsmangel«-Angst oder vom »Klassenkampf« berührt.

Während ich Marcus auf seinen Exkursionen nachlaufe, habe ich die Grußbekanntschaft anderer gemacht, die den gleichen Zeitplan einhalten. Da gibt es die gestiefelte Nordländerin, die aus dem nächsten Wohnhaus kommt und jeden Morgen einen hochrädrigen Kinderwagen vor sich herschiebt. Ich nenne sie Nordländerin, weil sie eine Krone von dicken, strohblonden Haarflechten trägt und mich aus kampflustigen, blauen Augen anstarrt. Man könnte sie sich am Bug eines Wikingerschiffs dem Wind trotzend vorstellen. Wir haben nie ein Wort miteinander gewechselt, aber ich sehe sie gern.

Oft treffen wir einen blassen jungen Mann mit träumerischen Augen, der sich – einen Cellokasten unterm Arm – die Straße hinunterkämpft. Er murmelt Marcus gewöhnlich »Hallo, Hund!« zu und übersieht mich gänzlich.

Es gibt noch andere: den Postler, Schulkinder; eine wachsende Zahl Schlendriane in hellen, warmen Anzügen; den Bettler aus der Nachbarschaft, der geduldet wird, weil er malerisch wirkt und nicht übermäßig beharrlich ist. Und es gibt Mrs. Kimberly.

Mrs. Janet Kimberly, Witwe, um ihren genauen Namen und ihren Familienstand zu nennen. Solche Informationen sind leicht zu beschaffen, wenn man meine Vergangenheit und meinen früheren Beruf sein eigen nennt. In diesem Fall war es die einfachste Sache der Welt. Mrs. Kimberlys Wohnung liegt in einem der anderen Gebäude in der Fünften Straße, und die Ausstrahlung des Pförtners versetzt Marcus in einen Taumel sklavischen Entzückens. Ich hatte Mrs. Kimberly oft in meiner Gegend gesehen und war bestürzt über ihre kühle Eleganz, ihre aufrechte Haltung und die große Schönheit, die sie früher besessen haben mußte; Spuren davon lebten noch fort in ihrer hohen, blassen Stirn, ihrem langen Hals und ihren herrischen, violetten Augen. Ich erinnere mich daran, daß ich, als ich sie zum erstenmal sah, dachte: Das hätte eine passende Gefährtin sein können. Die hat eindeutig ihre Vorzüge.

Ich sah sie dann oft. Sie hatte keinen Hund, ging aber scheinbar gern spazieren. Und sie so die Straße entlanggehen zu sehen – immer mit unfehlbarem Geschmack gekleidet, ihr feines, weißes Haar in der Sonne leuchtend – bereitete mir mehr Vergnügen als all die jungen, freien, unter den T-shirts hüpfenden Brüste, die den Dollarhelden, der Stadt oder überhaupt niemandem Treue versprachen. Ich dachte daran, ihr zu folgen, entweder offen, um ihre Aufmerksamkeit auf mich zulenken, oder heimlich, wie es meine Spezialität ist. Aber jedesmal erlaubte ich Marcus, mich auf seinen vorherbestimmten Weg zu zerren und ließ sie gehen.

Dann, an einem herrlichen Frühlingsmorgen, als die Luft über Manhattan mit Tau facettiert schien, entschloß sich Marcus, vor seinem Lieblingspförtner – Abe Turner – schwanzwedelnd stehenzubleiben. Und gerade da trat Mrs. Kimberly aus der Doppeltür des Hauses. So entdeckte ich, daß sie nur zwei Häuserblocks von mir entfernt wohnte.

»Ah, du bist wirklich ein guter Hund«, plapperte der Pförtner. »Jetzt schau mal her, willst du? Wie er sich herumrollt und für den alten Abe den toten Hund spielt. Vielleicht hab ich was für nen guten Hund.« Und er zog aus der Tasche einen grünlichen Gegenstand, der eine einem Knochen ähnliche Form aufwies. Marcus nahm ihn zärtlich zwischen die Zähne, setzte sich zu Füßen seines Idols nieder und begann begeistert zu knabbern.

»Ich bin sicher, daß ich diese Frau schon einmal gesehen habe. Könnte es auf dieser Konferenz in Atlanta gewesen sein? Ist ihr Mann in der Textilbranche tätig?«

»Nein«, antwortete Abe, während er Marcus' breiten Kopf kraulte. »Der alte Dr. Kimberly ist vor ungefähr zehn Jahren abgekratzt. Lustige Sache. Er als Herzspezialist hatte selbst ne schwache Tickmaschine. Ich, ich hab ein Geschwür, das immer wieder mal aufbricht. Sie würden nicht glauben, daß es bei nem Job wie dem meinen so viel Streß gibt, aber ein paar Mieter würden Sie nicht für möglich halten.«

»Sie schaut aus, als wäre sie eine von der anspruchsvollen Sorte«, schlug ich vor.

»Nun, ja und nein. Sie will pünktlich ihre Post kriegen und sie haßt's, hier auf dem Glas Fingertapper zu sehen. ›Abe‹, sagt sie, ›dieser Platz schaut aus wie der Tatort des Verbrechens.‹« Er lachte neidisch. »Ja, Mrs. Kimberly ist ne Dame. Da gibt's keinen Zweifel. Heh, alter Junge, wie wär's mit nem anderen Hundekuchen?« und dabei fischte der gute, alte Abe einen weiteren knochenförmigen Gegenstand aus der Tasche und bot ihn Marcus an.

So schlenderten Mrs. Janet Kimberly, Marcus und ich zurück die Avenue hinunter; den Weg, den wir gekommen waren, den Weg, den sie genommen hatte. Marcus war verwirrt und versuchte, in die Richtung unserer Wohnung zu ziehen. Aber diesmal blieb ich eisern, und er zottelte widerwillig neben mir her. In der nächsten Straße beschleunigte ich meine Schritte. Ich konnte ihren weißen Kopf gerade noch schimmern sehen unter der Menge, die unterwegs war, um den herrlichen Tag zu genießen. Sie befand sich schon zwei ganze Straßen vor mir.

Ich bin mir noch immer nicht ganz sicher, warum ich ihr an diesem Morgen folgte. Es ist eines der wenigen unlogischen Dinge, die ich je im Leben getan habe; Logik war ein Teil meiner Überlebensausbildung, zusammen mit einer Anzahl anstrengenderer Eigenschaften, seitdem ich mich meinem Beruf verschrieben hatte. Wollen wir nur annehmen, daß ich, seit mir ihr Name bekannt war, mehr Interesse an ihr hatte denn je. Ich beabsichtigte nicht, ihre Bekanntschaft zu machen.

Sie war eine leidenschaftliche Fußgängerin. Bald überquerten wir die Plaza, aber eine halbe Straße dahinter befiel Marcus der Jagdtrieb. Er stolzierte vor mir her, die Ohren gespitzt und die Nase hoch in der Luft zwecks Hinweise auf mögliche Gefahr. Für ihn war dies Terra incognita, eine Zone unbekannter Gerüche und ein Dschungel aus nylonbekleideten Beinen.

Ich beobachtete, wie sie den Auslagen von Saks nur einen Blick im Vorübergehen schenkte, und wartete, während sie Scribners einer genaueren Prüfung unterzog. Ich hatte sie fast erreicht, aber plötzlich ging sie weiter, bog um die Ecke und strebte in östlicher Richtung zur Madison. Marcus war zu dieser Zeit völlig wirr und tadelte mich aus traurigen Augen; die Zunge ließ er aus dem Maul hängen als sichtbares Zeichen für Müdigkeit und Durst.

Die Straßen begannen sich mit frühzeitigen Mittagessensanwärtern zu füllen. Mrs. Kimberly überquerte die Madison Avenue und blieb an einer Bushaltestelle stehen. Die Busse auf der Madison fahren nur nach Norden. Vielleicht war sie müde und beabsichtigte, einen Bus zurück stadteinwärts zu nehmen. Sie stand etwas abseits von dem kleinen Häufchen wartender Menschen – elegant in ihrem grauen Seidenrock, anderer Herkunft als die drängende Herde. Ich wäre vorbeigegangen – Marcus wollte ganz eindeutig nach Hause –, aber da lag etwas in ihrem Blick, das meine Neugierde erregte. Sie starrte nicht – wie die meisten Wartenden – ängstlich die Straße hinunter nach dem Bus. Statt dessen betrachtete sie prüfend die Individuen, die bei dem gelben Halteschild standen. Jede Person wurde einer genauen Prüfung aus ihren violetten Augen unterzogen, und jeder Neuankömmling wurde genauso gründlich gemustert.

Ich hielt hinter ihr an und zog Marcus in den Schatten einer Markise, die über einem mit unnützen, teuren Kinkerlitzchen gefüllten Schaufenster herausragte. Schließlich reihte sie sich in die wartende Gruppe, direkt hinter eine junge Frau, deren käsige Gesichtsfarbe, leere Augen und schlecht sitzende Kleidung bei ihr Spott über die letzten bleibenden Zivilisationsfetzen auf dieser müden Erde hervorriefen.

Mrs. Kimberly stand hinter dieser etwas dicklichen, mürrisch aussehenden Schlampe, und der Kontrast benahm mir den Atem. Sie gehörte zu einer aussterbenden Rasse, und ich fühlte, sie ansprechen zu müssen, bevor es zu spät war. Ich trat vor. Eine geschlossene Front gelber Taxis röhrte hinten heran; vielleicht konnte ich eines herbeiwinken und Mrs. Kimberly aus der gewöhnlichen Menge entführen zu irgendeinem abgelegenen Hafen; dort könnten wir an einem mit feinem Leinen gedeckten Tisch sitzen, Tee aus Chinatassen trinken und über den Verfall der Zivilisation diskutieren.

Die Augen auf Mrs. Kimberly gerichtet, zerrte ich Marcus auf die Pfoten – und konnte nicht glauben, was ich sah. Doch mußte ich an das Kreischen der Bremsen glauben, an das kollektive Keuchen, das aus der am Straßenrand stehenden Menge stieg und an die Schimpfworte, die sich über die Lippen des Taxifahrers ergossen, der das rundliche, plumpe Mädchen beinahe unter den Rädern zermalmt hätte. Die Menge drängte begierig und mitfühlend nach vorn, während sich Mrs. Kimberly gelassen zurückzog. Sie lenkte ihre Schritte stadtaufwärts und begann sich zu entfernen.

Ich heftete mich ihr an die Fersen und nahm ihren Arm.

»Sie sollten es wirklich nicht auf diese Weise tun«, tadelte ich.

Ohne den kleinsten Seitenblick auf mich, murmelte sie: »Sind Sie von der Polizei?«

»Nein«, beruhigte ich sie. »Ich möchte jedoch gern wissen, warum Sie sie gestoßen haben.«

Da lächelte sie – ein knappes, siegessicheres Zucken ihrer wohlgeformten Lippen. »Ich habe ihr einen Schrecken eingejagt, nicht wahr? Und vielleicht hat sie jetzt etwas zum Nachdenken.«

»Aber wird sie auch nachdenken?« fragte ich. »Und wenn sie es wirklich tut, worüber wollen Sie, daß sie nachdenkt?«

Sie seufzte und wandte zum erstenmal den Kopf, um mich anzuschauen. »Wer sind Sie?« wollte sie wissen. »Und wenn Sie mich bei meiner Handlung beobachtet haben, warum denunzieren Sie mich dann nicht? Auf der anderen Straßenseite steht ein

Polizist. Sollen wir hingehen und mit ihm sprechen?«

Zu dieser Zeit schritten wir schnell stadteinwärt. Marcus ging – glücklich über den vertrauten Geruch in seinen geblähten Nüstern – in Führung.

»Ich habe Sie beobachtet, verspüre jedoch nicht die geringste Lust, die Polizei zu verständigen. Wenn ich Ihnen meinen Namen nenne, wird er für sie keinerlei Bedeutung haben, aber da ich Ihren bereits kenne, ist es nur fair, daß Sie meinen auch erfahren. Ich heiße Omar Flagg, zu Ihren Diensten.« Diese altmodische Redewendung sprang mir als der Situation angemessen auf die Lippen. Aber das konnte sie noch nicht wissen. »Und Sie sind Janet Kimberly.«

»Omar Flagg«, wiederholte sie. Es war bezeichnend für sie, daß sie nicht danach fragte, woher mir ihre Identität bekannt war. »Sagen Sie, Omar Flagg, warum wollen Sie meine Beweggründe wissen?«

Ich atmete tief ein. Sie mochte vielleicht nicht, was ich zu sagen hatte, aber ich mußte es aussprechen.

»Weil – was auch immer Ihre Absicht war – Ihre Handlung wirkungslos blieb. Es gelang Ihnen nur, dieser schlampigen Kreatur einen furchtbaren Schrecken einzujagen und der Menge eine unbefriedigende Sensation zu liefern. Die Leute wären Ihnen viel dankbarer gewesen, wenn diese Person vor ihren gierigen Augen umgekommen wäre.«

Nachdenklich nickte sie. »Ich bin mir meiner Unentschlossenheit bewußt«, meinte sie. »Immer stoße ich zu einem Zeitpunkt zu, wenn noch die Möglichkeit besteht, sich in Sicherheit zu bringen. Ich überlasse es dem Schicksal. Bisher habe ich noch keines meiner auserwählten Opfer aus der Welt geschafft. Das ist vermutlich Feigheit von mir.« Doch dann funkelten ihre Augen, und sie betrachtete mich streng. »Aber ich unternehme meine Mission nicht mit der Absicht, die Menge zu erfreuen. Ich bin in eine Ecke gestoßen worden. Ich habe die mir lieben Werte mit Füßen getreten und habe gesehen, wie sie lächerlich gemacht werden. Meine Welt ist geschrumpft und in Gefahr, ganz zu verschwinden. Meine Aktionen mögen wirkungslos sein, aber zumindest gehe ich nicht ohne Kampf unter.«

Ihre behandschuhte Hand lag jetzt kameradschaftlich auf meinem Arm, und meine Hoffnungen stiegen wie die eines Schuljungen, der seine erste Romanze erlebt. Ich hatte noch nie eine Frau wie sie getroffen. Einige Straßen gingen wir schweigend nebeneinander her; ich mußte darüber nachdenken, was sie mir gerade anvertraut hatte und wie mein nächster Schritt aussehen würde.

Schließlich bat ich: »Ich möchte Ihnen helfen.«

Sie lachte – ein entzücktes Trillern reinster Freude.

»Erzählen Sie mir nicht, Sie seien Psychiater«, sagte sie.

Ich lachte gleichfalls. »Keineswegs«, beruhigte ich sie. »Und vergeben Sie mir, falls ich wie einer gesprochen habe. Aber ich kann Ihnen helfen. Ich habe einige Erfahrung auf einem Gebiet, das Ihrer Mission eine gehörige Portion Wirksamkeit verleihen kann. Und ich muß gestehen, daß, während ich die sich scheinbar allgemein in der Welt entwickelnde Häßlichkeit beklagte, dennoch überhaupt nichts zur Bekämpfung unternahm. Sie haben es fertiggebracht, daß ich mich meiner Laissez-faire-Haltung schäme.«

Wir näherten uns der Straßenecke, an der meine Wohnung liegt, und Marcus zog aufgeregt an der Leine. Ich hatte mich während unseres Spaziergangs gefragt, wie ich Mrs. Kimberly wohl am besten über meinen Beruf informieren könne. Es liegt mir nicht, mit meinen Talenten zu prahlen; Tatsache ist, daß meine Arbeit meist völlig geheim ausgeführt wurde. Nur meine früheren Arbeitgeber kannten die Beschaffenheit meiner Aufgabe, und selbst ihnen waren nicht alle Einzelheiten der Ausführung bekannt. Sie hatten gut bezahlt, sowohl für meine Geschicklichkeit als auch für meine Diskretion. Dann kam mir der Gedanke, daß es keinen besseren Weg gab, sie von meiner Ernsthaftigkeit und meinem beruflichen Interesse zu überzeugen, als ihr meine unvollendeten Memoiren zum Lesen zu geben.

»Mrs. Kimberly«, sagte ich. »Bitte mißverstehen Sie meinen Vorschlag nicht. Ich möchte Sie gern in meine Wohnung einladen, damit Sie ein paar Manuskriptseiten lesen. Sollten Sie nach der Lektüre nicht einer Meinung mit mir sein, daß ich Ihnen helfen kann, werde ich kein Wort mehr sagen, und wir wieder getrennte Wege gehen. Aber ich glaube, Sie werden meinen Standpunkt verstehen und eine Arbeitsgemeinschaft gründen wollen.«

Ihre violetten Augen zwinkerten mir zu. »Mr. Flagg«, erwiderte sie, »ich kann mir nicht denken, was Sie mir zu verstehen geben wollen, aber seltsamerweise vertraue ich Ihnen. Ich würde mich freuen, Ihr Manuskript lesen zu dürfen, wenn Sie so freundlich wären, für ein Mittagessen zu sorgen. Ich bin immer neugierig auf eine dieser Episoden.«

»Ich hatte für mein eigenes Mittagsmahl gegrillte Seemuscheln und ein Spinatsoufflé geplant.«

»Herrlich.«

Als wir im Aufzug hochfuhren, befielen mich nervöse Schauer. Was, wenn sie die Nüchternheit meiner Junggesellenausstattung nicht ansprechend fand? Was, wenn sie die wenigen, sorgfältig ausgewählten Kunstwerke, die an den Wänden hingen, verabscheute? Was, wenn das Spinatsoufflé auf dem Topfboden zu einem abscheulichen, grünen Schleim zerfiel? Ich konnte mich nicht daran erinnern, jemals so wenig selbstsicher gewesen zu sein. Warum war ihre Meinung so wichtig für mich? Falls ich es nicht besser wüßte, könnte man fast glauben, ich hätte mich verliebt. Absurd!

Ich setzte sie in meinen bequemen Lesesessel, ein Glas Montrachet auf dem kleinen Tischchen daneben, und meine losen Manuskriptseiten im Schoß.

»Sie müssen nicht alles lesen«, sagte ich etwas schüchtern. »Und wenn Sie sich langweilen, legen Sie es bitte sofort beiseite.«

Sie lächelte. »Ich bezweifle, daß es mich langweilen wird«, meinte sie. »Sie haben mich ja auch nicht gelangweilt.« Mrs. Kimberly zog aus ihrer Handtasche eine Lesebrille und nahm die erste Seite zur Hand.

Ich begab mich in die Küche; dort sorgte ich endlich mit einer Schüssel frischen Wassers für Marcus' Durst und begann mit den Vorbereitungen für unser leibliches Wohl.

Ich will nicht näher auf meine Gedanken eingehen, während ich die Muscheln würzte und ängstlich durch die gläserne Ofentür das Soufflé beobachtete. Ich hatte so lange allein gelebt und meine Einsamkeit so gründlich genossen; jetzt wandte sich mein eigenes Naturell als Verräter gegen mich und rief einen Geisteszustand hervor, in dem ich mir tatsächlich überlegte, sie um ihre Hand zu bitten. Jede Seite, die Mrs. Kimberly umblätterte, war zwei Räume entfernt, für mich hörbar; ich fragte mich verwundert, was sie wohl über das Leben denken mochte, das in diesen peinlich ehrlichen Kapiteln offen vor ihr lag.

Schließlich war das Soufflé bis zum Gipfel der Vollendung

aufgegangen, und die Muscheln hatten eine delikate, braune Kruste; ich ging ins Wohnzimmer, um ihr zu sagen, daß das Essen fertig sei.

Sie starrte aus dem Fenster, die Brille in der Hand. Das Manuskript lag noch immer auf ihrem Schoß; die Hälfte der Seiten war umgedreht.

»Mr. Flagg«, sagte sie, »Sie lassen es so einfach erscheinen.«

»Es war einfach. Es war fast eine gern getane Arbeit.«

»Aber Sie sind fürs Töten bezahlt worden.« Die Worte kamen sanft aus ihrem Mund.

»Und Sie würden gerne töten, möchten es aber wie einen Unfall aussehen lassen«, erinnerte ich sie.

»Hatten Sie niemals Gewissensbisse?«

»Das Gewissen muß bis nach dem Essen warten. Wollen Sie mir bitte folgen?«

Sie legte das Manuskript auf den Tisch und reservierte sich sorgfältig ihren Platz. Es freute mich übermäßig, da sie mir auf diese Weise zu verstehen gab, daß sie die Lektüre fortzusetzen beabsichtigte. Während des Essens sprachen wir von anderen Dingen – Büchern, Theaterstücken und Musik, alter und neuer Architektur; den Weltstädten, denen wir einen Besuch abgestattet hatten, sie auf der Suche nach Schönheit, und ich während der Zeit meines Berufslebens. Sie bewunderte meine Gemälde und lobte meine Kochkunst. Wir entdeckten viele Gemeinsamkeiten und vieles, was wir voneinander lernen konnten.

Anschließend beim Kaffee kehrten wir zu dem Thema zurück, das uns zusammengeführt hatte.

»Sie scheinen kaum in die allgemeine Vorstellung über einen Killer zu passen«, bemerkte Janet, während sie sich wieder in den bequemen Wohnzimmersessel setzte.

»Meine Liebe, meine Aufgaben lagen fast immer im Bereich von Finanz und Politik, mit einem gelegentlich dazwischengeschobenen, unruhestiftenden Mitglied des Königshauses. Killer ist kaum der richtige Ausdruck.«

»Mein kleiner Kreuzzug muß Ihnen sehr unbedeutend vorkommen.«

»Keineswegs«, versicherte ich ihr. »Aber Ihre Perspektive ist etwas schief. Wenn Sie jedes wandelnde Beispiel schlechten Geschmacks ausschalten wollten, würden Sie die Erde entvölkern. Einfach unmöglich, und Sie werden nicht einmal Ihren Standpunkt durchsetzen. Aber nehmen Sie jetzt einmal an, wir würden unsere Aktivität gegen die Hauptquellen der Vulgarität richten: gegen die Anfertiger unechter, wertloser Ware; zum Beispiel gegen die Lieferanten dieses verabscheuungswürdigen Phänomens im modernen Leben – Schnellimbiß.«

»Da kommt mir sofort ein Herr in den Sinn«, kicherte sie. »Ich würde ihn gern zu Hackfleisch machen.«

»Sie haben es erfaßt. Jetzt denken Sie an gewisse Fernsehshow-master und ihre berühmten Gäste, Klatschspaltenschreiber, Modeschöpfer, Erbauer von Modellhäusern.«

»Ein gewisser Rocksänger, ein Sportveranstalter –«, warf sie begeistert dazwischen.

»Die Liste ist endlos.«

»Wir werden die Bestrafung dem Verbrechen angemessen machen.«

»Mögen Sie Gilbert und Sullivan?« fragte ich.

»Ja«, antwortete sie.

Dieses »Ja« brachte für mich die Entscheidung. Ich beschloß also, daß die elegante, wählerische Janet eben dieses Wort bald bei einer ganz anderen Gelegenheit zu mir sagen sollte. Aber alles zu seiner Zeit. Ich steckte meine Lieblingskassette – Pinafore von den D'Oyly Carte – in den Recorder, und für den Rest des Nachmittags ersannen wir die Rettung der Zivilisation. Ich fand mich in äußerst gehobener Stimmung, als Marcus für seinen Ausgang bereit war.

»Wir werden Sie heimbegleiten«, sagte ich. »Treffen wir uns morgen wieder?«

»Natürlich«, entgegnete sie. »Wir haben viel zu tun.«

Zwei Wochen später waren wir verheiratet. Janet sah toll aus in einem einfachen, blaßlila Kleid, das das schimmernde Violett ihrer Augen noch verstärkte. Oder war es die Befriedigung über ein gut gelungenes Ding? Ich empfand wirklich Stolz darüber, was wir in so kurzer Zeit erreicht hatten. Die Morgenzeitungen trugen schreiende Überschriften: ROLLSCHUHWELTMEISTER BEI SKATEBOARD-UNGLÜCK GETÖTET.

Janet lächelte mich an, als ich ihr einen antiken Goldring an den Finger steckte. Sie freute sich über das Resultat unserer

Kalifornienreise. Es war ganz einfach, den Rollschuhläufer zur Vorführung seines überragenden Könnens in einer Privatvorstellung aufzufordern: mit dem Skateboard auf einem abgelegenen Parkplatz auf einer den weiten Pazifik überschauenden Klippe.

Wir haben noch viel zu tun. Es ist eine gewaltige Aufgabe, aber wir haben uns gegenseitig zur Inspiration und zur moralischen Unterstützung. Wir arbeiten an einem Plan, die Zahnpasta eines gewissen grinsenden Bruder-und-Schwester-Stücks zu vergiften, und wir stellen Untersuchungen an über das Thema Plastikblumen. Das war Janets Idee. Sie will ein paar Grabhügel damit schmücken.

Ich schreibe noch immer an meinen Memoiren, aber das Schlußkapitel liegt in weiter Ferne. Und Janet erfreut sich noch immer an einem gelegentlichen Spaziergang die Fünfte Straße hinunter und auf der Madison zurück nach Hause. Sie sagt, sie möchte gern mit den Leuten in Kontakt bleiben. Und ich muß zugeben, daß sie besser geworden ist dabei. Gerade neulich passierte ein fataler Unfall, als ein dicker Mann in einem schreienden, buntkarierten, doppeltgewirkten Polyesteranzug vor den Bus in der Madison Avenue fiel.

Marcus betet Janet an und spielt für sie toter Hund.

Originaltitel: WHEN PUSH COMES TO SHOVE. 11/77

Alvin S. Fick

Das letzte Rennen

Obwohl Hammond kein eigentliches Sommerfrischlerdorf ist –
nicht im gleichen Ausmaß wie Lake George Village oder Lake
Placid –, kommt es durch die Sommergäste an einigen kleineren,
in der Nähe liegenden Seen während der Saison gut weg. Eine
Reihe privater Campingplätze mit begrenztem Fassungsvermögen
in der Umgebung bringen der Stadt gleichfalls finanziellen
Gewinn. Wenn im August die Rennen auf der alten, historischen
Saratoga-Rennbahn stattfinden, sind alle Unterkünfte besetzt.

Während dieser Sommertage schaue ich mich beim Spazieren-
gehen immer aufmerksam um, da ich halb darauf warte, daß
schlafende Menschen aus den Ahornbäumen von Hammond fallen. Einige Einwohner vermieten ihre Häuser an die New Yorker
Sportfans. Sie packen Kind und Kegel in den familieneigenen
Autobus und ziehen auf den Campingplätzen im Staate umher
oder besuchen Tante Minnie; andernfalls werden sie mit drei
Kindern und Hund in einem Fünf-Meter-Anhänger halb wahnsinnig und können das Ende des Sommers kaum erwarten.

Unterdessen muß Vater täglich eine Hundert-Meilen-Rund-
reise für seinen Posten beim Elektrizitätswerk in Schenectady
machen, denn die Hälfte der Zeit ist niemand zu Hause. Wenn die
Züchter in den unteren Teil des Staates zurückkehren, nachdem
das Abschlußrennen – Das Hoffnungsvolle – am letzten August-
samstag gelaufen ist, kommen die Einheimischen wieder. Sie
benützen ein paar Dollar der einigen Hunderter aus dem Mieter-
trag, um zerbrochene Fenster zu ersetzen, den Kaffeetisch neu
aufzupolieren und die Zigarettenlöcher in den Teppichen ausbes-
sern zu lassen.

Sie werden ihre Häuser nächstes Jahr wieder an Fremde vermieten – natürlich nur mit Referenzen; denn ungeachtet dessen,
was Jimmy und die Jungens in Washington über die Wirtschaft
sagen, liegen die Dinge in Hammond nicht so gut wie in den
benachbarten Dörfern mit ihren ertragreichen Erdnußplantagen.

Und je mehr Leute, Freundchen, desto mehr Ärger. Das ist
keine Theorie, die Pythagoras sich aus den grauen Gehirnzellen
gewrungen hat, das ist einfach Ringhorn. Ich heiße Ringhorn, bin

Privatdetektiv und lebe in Hammond. Ich lebe hier seit elf Jahren, was für die Kinder lang genug ist, um mir Kojak nachzurufen, wenn sie mich auf der Straße sehen – obwohl ich Haare auf dem Kopf trage. Vielleicht nicht genug, um ein Kissen damit zu füllen; aber es reicht, um mit den Fingern durchzufahren, wenn ich jemanden finde, auf den gewisse Merkmale zutreffen, und der die Neigung zum Taschendieb hat.

Die Leute fragen mich, warum ich mir nicht in Albany oder Schenectady ein Büro miete und Hammond verlasse. Ich antworte ihnen: von allem mehr zu besitzen ist nicht unbedingt besser; außerdem verschaffen mir Verbindungen aus meinen Tagen als Zeitungsreporter genug Arbeit, um einen Winterschlaf zu verhindern und mich davor zu bewahren, ein nach innen gekehrter Dorfeinsiedler zu werden. Und ich mag das Dorfleben gern genug, um dafür die Jagd nach Büro, Sekretärin und Geldflut zu opfern.

Nehmen wir zum Beispiel meinen alten Dodge. Beim zweiten Gedanken besser nicht; ich bin sicher, daß ich ihn brauche. So wie vor einer Woche, als das Telefon neben meinem Bett klingelte. Gerade wollte ich in mein zweites, nächtliches Schlafdelta entgleiten.

Ich schaute auf die Uhr auf dem Nachtkästchen (meinen Wekker gab ich an dem Tag weg, an dem ich die Redaktion des Union-Star zum letztenmal verließ). Es war vier Uhr morgens.

»Ringhorn.«

»Ringhorn?«

»Hab ich doch gesagt. Wir können bis sechs Uhr so weitermachen. Dann muß ich aufhören, um zu frühstücken. Das nimmt nur ungefähr vierzig Minuten in Anspruch, weil ich die Eier mit Speck auf Sparflamme stelle, während ich unter der Dusche bin.«

»Mensch, es ist wirklich Ringhorn. Sie haben sich kaum verändert.«

Dann wurde die Stimme aufgeregt. »Hören Sie zu, hier spricht Jim Hazzard. Erinnern Sie sich noch an mich? GE-Forschung und Entwicklungsabteilung. Sie haben über mich und meine Arbeit beim Lexan-Kunststoffprogramm einen Artikel geschrieben.«

Mit meinem um vier Uhr morgens üblichen Humor sagte ich: »Lassen Sie mich raten. Ihr Reisewecker zeigt auf neun Uhr, aber Sie vermuten, daß es schon später ist. Deshalb soll ich mit meinem

46

Werkzeugkasten rüberhuschen und ihn reparieren, stimmt's?«

»Ich meine es ernst. Ich habe ein schwieriges Problem.«

»Okay, sprechen Sie. Ich kann auch ernst sein.« Die Sachlage begann sich zuzuspitzen. Ich erinnerte mich, daß Hazzard kurz nach Erscheinen des Artikels die GE verlassen hatte und mit der 3M Company irgendwo in den Mittleren Westen gezogen war. Ein guter Ingenieur.

»Ich werde erpreßt.« Er machte eine Pause. »Ich rufe aus einer Telefonzelle bei einer Tankstelle an. Vom Motel aus wollte ich nicht. Meine Frau und mein Kind schlafen im selben Raum, und an der Rezeption mochte ich nicht telefonieren.«

»Warum rufen Sie mich an?«

»Wir haben den Union-Star abonniert, nachdem wir die Gegend verließen. Ich habe gelesen, wo Sie ein Detektivbüro aufmachten.«

Ich seufzte. »Hätte das nicht noch 'n paar Stunden Zeit gehabt?«

»Nein. Wenn ich heute mittag nicht mit fünfhundert Dollar aufkreuze –«

»Die haben Sie nicht und können das Geld bis dahin auch nicht beschaffen.«

»Richtig.« Ich konnte ihn kaum verstehen, obwohl die Verbindung gut war.

»Wo liegt die Telefonzelle?«

»Dicht bei der Kreuzung der 29. Straße mit der Hauptstraße von Saratoga.« Ich hörte die Telefontür quietschen, als er nach einem anderen Orientierungspunkt Ausschau hielt.

»Genau südlich davon befindet sich ein die ganze Nacht geöffnetes Restaurant in Form eines Speisewagens«, sagte ich. »Gehen Sie rein und trinken Sie einen Kaffee. In ungefähr einer Stunde bin ich bei Ihnen.« Ich hängte ein.

Während ich aus dem Bett stieg, dachte ich: Wenn er für einen Erpresser keine fünfhundert zusammenkratzen kann, wie will er dann mich bezahlen? (Ein weiterer Grund dafür, einer Gegend mit hohen Mieten fernzubleiben.)

Ein kurzer Sturz unter die Dusche, eine noch schnellere Rasur, und nach zweiundzwanzig Minuten befand ich mich auf der Straße.

Um 5.15 Uhr beginnt es in Saratoga gerade lebendig zu werden. Brotlieferwagen sind unterwegs; Lehrjungen versuchen fünfzehn Minuten mehr Schlaf herauszuschinden, bevor sie sich zur harten Morgenarbeit auf die Socken machen; gähnende Polizisten fahren im Streifenwagen vorbei. Im Gegensatz dazu zog eine vornübergebeugte alte Frau einen zweirädrigen Einkaufswagen, als ich gerade vor dem Restaurant hielt. So viel über den Vierundzwanzig-Stunden-Supermarkt.

Hazzard war acht bis zehn Jahre jünger als ich. Sein dunkles Haar trug er modisch geschnitten; seine Sportjacke war zwar von der Stange, aber sehr teure Konfektion.

»Erzählen Sie mir davon.« Ich zwinkerte der Kellnerin nicht zu, als sie den Kaffee in die Nische brachte. Manchmal tu ich das, aber nicht um 5.15 Uhr morgens; und nicht bei einer netten, weißhaarigen Dame, die noch zu Hause im Bett liegen und auf den Postboten warten könnte, der im Flur einen Versicherungsscheck in den Briefkastenschlitz wirft.

»Ich befinde mich in einer Geldverlegenheit.«

»Seien Sie nicht so schüchtern, Hazzard. Sie haben was vor, Sie kleiner Teufel. Raus damit.«

»Vor einer Woche kamen meine Frau – Debra, vielleicht erinnern Sie sich an sie –, mein kleiner Sohn Tim und ich auf einen zweiwöchigen Urlaub hierher. Wir machen das jedes Jahr: bestellen die Motelzimmer ein Jahr im voraus und all das. Debbie begleitet mich zwar auf die Rennplätze, aber sie macht sich nicht viel aus den Trabern. Vergangenen Freitag abend gingen sie, Tim und einige ihrer Freundinnen zum Performing Arts Center, während ich die Rennbahn allein aufsuchte.« Er unterbrach seinen Bericht und begann mit dem Löffel auf der Untertasse herumzuklimpern.

»Sprechen Sie weiter. Wir haben nicht viel Zeit, wenn die Frist mittags abläuft.«

»Nun ja – ich habe dort ein Mädchen aufgelesen.«

Ich widerstand der Versuchung, zu sagen »Aha!« oder »Genau das hab ich vermutet!« Wartete. Nichts. Schließlich sagte ich: »Hazzard, Sie sind ein großer Junge. Ich versohl Ihnen schon nicht den Hintern.«

»Ja, ja, ich weiß. Sie meinte, es bestünde keine Möglichkeit, innerhalb von siebzig Kilometern ein Motelzimmer zu bekommen. Wir verließen in meinem Wagen die Stadt auf der Land-straße.« Er schwieg, während die Kellnerin die Theke gegenüber unserer Nische sauberwischte. Sie ging wieder, um Kaffee für zwei Blauröcke einzugießen, die hereingekommen waren und am anderen Ende des Restaurants Platz genommen hatten. Sie benötigten dieses Aufputschmittel, um ihre Arbeitsschicht beenden zu können.

»Ich kannte die Hintergäßchen nicht und fuhr deshalb nach ihren Anweisungen. Nachdem wir in einem Seitenweg geparkt hatten, kam nach etwa fünfzehn Minuten ein Wagen aus der anderen Richtung und hielt Stoßstange an Stoßstange. Zwei Burschen sprangen heraus, rissen meine Autotüren auf und machten mit ihren Blitzlichtkameras einige Aufnahmen. Sie verstehen, Ringhorn.«

»Klar. Ein alter Trick, funktioniert aber noch immer. Vielleicht nicht so gut oder so häufig wie früher. Viele Leute begannen ja mit all den Sachen, die Freud geschrieben hat, zu experimentieren.«

»Was kann ich tun?«

»Wieviel haben Sie den Kerlen schon gegeben?«

»Dreihundert. Sie ließen mir vierundvierzig Dollar. Ich teilte ihnen mit, daß ich ein bißchen Geld haben müsse, um zu verhindern, daß meine Frau davon erfährt. Natürlich finanziere ich den Urlaub hauptsächlich mit Kreditkarten, benötige aber auch ein wenig Bargeld.«

»Was ist heute mittag los?«

»Sie verlangten, ich solle weitere fünfhundert bringen, andernfalls –. Ich konnte übers Wochenende meine Bank nicht erreichen, habe das Geld bis Mittag nicht parat und weiß nicht, was ich tun soll.«

Ich fühlte mich wie der sprichwörtliche arme Fisch. Aber Hazzard war kein schlechter Kerl. Während ich den Lexan-Artikel schrieb, lernte ich ihn kennen und traf seine Frau. Ein Redaktionsfotograf und ich besuchten ihr Haus in Niskayuna wegen einiger Aufnahmen vom häuslichen Leben, um die technische Seite des Artikels harmonisch zu gestalten, was sich als ziemlich schwierig erwies. Ich erinnerte mich vage an sie: eine kleine, schlanke Frau mit großen, strahlenden Augen; ein Mädchen aus dem Russell Sage College, das er kennenlernte, während er seinen Abschluß am RPI machte.

»Gehen Sie ans Ende der Theke und sprechen Sie mit diesen zwei jungen Männern, die die breiten, mit Silbernieten verzierten Ledergürtel tragen. Vielleicht sind sie auch gar nicht aus Silber.«

»O Gott, ich kann nicht, Ringhorn. Ich habe schon daran gedacht. Ich liebe Debbie. Aber obwohl ich weiß, daß sie mir verzeihen würde, würde sie doch daran zerbrechen. Wir führen eine gute Ehe. Können Sie nichts unternehmen? Wenn ich es der Polizei mitteile, gibt es keine Möglichkeit, Debbie rauszuhalten.«

»Ich bin nicht verheiratet, Hazzard. Aber ich frag mich, ob's nicht besser wär, den Tatsachen jetzt ins Auge zu sehen – gemeinsam –, als wenn Sie mit einem schäbigen kleinen Geheimnis herumrennen, das Ihr Verhältnis zerfressen könnte. Ich weiß es nicht. Sie müssen die Entscheidung treffen.«

»Ich kann sie nicht so sehr verletzen. Können Sie etwas tun? Wenn ja, tun Sie es.«

Ich biß mir auf die Zunge, um nicht zu sagen, daß eine wirklich gute Ehe ein bis zwei harte Schläge vertragen könne. Doch selbst wenn er seiner Frau alles gestand, konnten die Erpresser noch immer damit drohen, die Bilder an seinen Arbeitgeber zu schicken. Er faßte mein Zögern als Honorarfrage auf.

»Sie werden Ihr Honorar bekommen, wie hoch es auch sein mag. Ich verdiene sehr gut bei der 3M.«

»Gewöhnlich arbeite ich nicht ohne Vorschuß.« Plötzlich fiel mir ein, daß ich auch das Lockgeld würde besorgen müssen.

»Dies ist 'n verdammt harter Job, um damit seinen Lebensunterhalt zu verdienen«, maulte ich. Ich zog meine Brieftasche und schob zwei Hundertdollarscheine über den Tisch. »Wenn Sie heute mittag Ihre Spielkameraden treffen, geben Sie ihnen dies. Teilen Sie ihnen mit, dies sei alles gewesen, was Sie sich von einem Freund borgen konnten, daß aber Ihre Bank Bargeld überweisen würde, das Sie heute nachmittag abheben könnten. Verabreden Sie sich für morgen vormittag mit ihnen irgendwo – irgendwie –, denn Sie werden sie überhaupt nicht treffen, falls alles klappt.« Im stillen dachte ich: selbst wenn die Sache nicht klappt, werden Sie sie nicht treffen; dann werden Sie zur Polizei gehen, ihr vielleicht sogar eine Beschreibung geben von den Gangstern, die einem sanftmütigen Ex-Reporter eine Kugel verpaßten.

Wir sprachen noch zehn Minuten, dann verabschiedete sich Hazzard. Ich gab ihm keine Ratschläge, wie er ohne Erklärung um sechs Uhr morgens neben seiner Frau ins Bett schlüpfen könne. Er würde sich schon was einfallen lassen. Immerhin besann er sich auch auf mich.

So kam es, daß ich mit einem Feldstecher eine halbe Straße von einem Parkplatz entfernt im Fond meines Dodge saß und durch das einzige Bullaugenfenster linste. Ich sah den grünen Buick, Baujahr 77, mit New Jerseyer Nummernschild auf den Parkplatz fahren. Das mochte nichts bedeuten; im Sommer sind in Saratoga viele Nummernschilder von New Jersey vertreten.

Aber als er in die Lücke neben Hazzards Ford lenkte, bewies das etwas, besonders als ein großer bulliger Kerl in einem gestreiften Hemd und Bermudashorts von der Beifahrerseite ausstieg, zu Hazzards Wagen hinüberging, die Tür öffnete und sich hineinzwängte. Meine Sicht war gut. Ich überlegte: wenn ich mit meiner Arbeit auf diese Weise fortfahre, muß ich mehr Zeit bei Wes Abbott im YMCA verbringen.

Ich konnte den Fahrer deutlich sehen. Er trug eine Pilotenbrille, hatte eine Kerbe im linken Ohr – ganz sicher ein narbiger Bulldoggentyp – und eine lange, auf einer Seite zerquetschte Nase. Sprechen wir's aus: er besaß die typische Missetätervisage der Klasse A. So nennt mein Freund, der Bezirksuntersuchungsbeamte, sie – Missetäter. Manchmal gebraucht er ein anderes Wort, das ungefähr gleich klingt, aber nicht ganz das Gleiche bedeutet.

Ich richtete das Fernglas auf jemanden auf dem Rücksitz. Ich war mir nicht ganz sicher, aber es schien eine Frau zu sein.

Als Streifenhemd aus Hazzards Wagen stieg, bückte er sich und streckte seinen Kopf durchs offene Fenster, um einige Abschiedsworte zu sagen. Vielleicht teilte er Hazzard mit, wo er die 8×10-Glanzfotos rahmen lassen könne. Sie würden sich gut machen auf der Frisierkommode im ehelichen Schlafzimmer. Gerahmt wirken sie immer am vorteilhaftesten.

Diese Minute benutzte ich, um meinen kleinen Lieferwagen durch die Hintertür zu verlassen. Ich blieb auf der Randsteinseite, wo sie mich nicht sehen konnten, stieg in den blauen, gemieteten Chev Malibu und fuhr auf die Straße hinaus. Beschattung zu Fuß ist teils Kunst, teils Instinkt, die sich auf Findigkeit, Improvisation und endlose Geduld sowie Geschicklichkeit stützt. In einem Wagen ist das ganz anders, weil man nicht weiß, was andere Fahrer, die an dem Spiel nicht teilnehmen, als nächstes tun werden.

Einem Wagen in Saratoga zu folgen ist nicht ganz dasselbe wie in Boston, Atlanta oder Philadelphia. Sie fuhren zu einem nicht einmal erstklassigen Restaurant. Ich war sehr erfreut darüber, daß sie meine zweihundert Dollar nicht gleich bei der ersten Mahlzeit auf den Kopf hauen wollten. Spart ein paar für den Rennplatz, Jungs; ich mag Pferde.

Fünf Minuten später war ich sicher, daß sie zum Mittagessen blieben. Ich fuhr die Straße hinunter zu einem Autoimbiß und kaufte zwei Hamburger und einen Kaffeeshake. Als ich zurückkehrte und neben einem Hydranten hielt, stand ihr Buick noch immer auf dem Parkplatz des Lokals. Ich aß zu Mittag. Ein Streifenwagen zwang mich, meinen Standort zu verlassen; nachdem ich gewendet hatte und zurückfuhr, verließ der Buick gerade den Parkplatz.

Ich folgte ihnen in südlicher Richtung durch Bad Ballston. Auf der 50. Straße bogen sie in Glenville zu einem kleinen Motel ab. Der weibliche Fahrgast aus dem Fond des Wagens stieg aus. Ich fuhr in die danebenliegende Tankstelle und beschäftigte mich damit, Luft in die Reifen des Malibus zu pumpen. Sie stand neben dem Auto und sprach. Ich hätte statt der Konjugation lateinischer Verben lernen sollen, von den Lippen zu lesen. Sie betrat Nummer 9. Der Buick fuhr im U-Bogen auf den Parkplatz.

Ich fühlte eine Welle von Schizophrenie aufsteigen und dachte darüber nach, während der Tankwart elf Liter Benzin hineinzwängte. Ein halber Liter davon spritzte aufs Pflaster. Er hatte Sommersprossen und rotes Haar und schaute einem Flüchtigen aus dem Film *Unsere Verbrecher* so ähnlich, daß ich ihm nicht böse sein konnte.

Wenn man sich nicht entscheiden kann, was zu tun ist, sollte man gar nichts unternehmen. Wenigstens keine der beiden naheliegenden Möglichkeiten, die die Unschlüssigkeit heraufbeschwören. Weder blieb ich, noch folgte ich ihnen. Wenn man allein arbeitet, ist die Auswahl begrenzt.

Ich fuhr nach Hause. Die ganze halbe Stunde, die ich unterwegs war, sagte ich mir: sie geht unter die Dusche, lackiert ihre Nägel, kämmt ihr Haar – was auch immer. Ebenso brachte ich mir zum Bewußtsein, daß sie sich nichts aus Pferderennen mache, und daß Streifenhemd und Sonnenbrille nach Saratoga zurückgefahren waren, um meine zweihundert Dollar aufs Nachmittagsprogramm zu setzen. Hoffentlich waren sie gut.

Nach einem Nickerchen auf dem Wohnzimmersofa duschte ich und zog mich an: den dunkelblauen Blazer mit den Messingknöpfen; weiße, imitierte Gucci-Schleicher – gute Imitation; cremefarbene Hosen mit feinen blauen Karos; Sporthemd mit weitem Kragen und langen Spitzen. Ich überprüfte die Smith & Wesson und steckte sie in das Halfter hinter meiner rechten Hüfte. So ging ich aus, um mit ein paar Leuten aus New Jersey abzurechnen.

Ich fuhr um 17.45 Uhr in die Tankstelle und hielt mit Sommersprosse einen Schwatz. Es stellte sich heraus, daß er das Motel nebenan in den vergangenen Tagen mit begierigem und – meiner Meinung nach – gesundem Interesse beobachtet hatte. Er wußte genau, wen ich ihm beschrieb.

»Sie ist etwas Besseres«, meinte er. Ich stimmte zu. »Hosen sind besser als jeden Tag Röcke.« Ich pflichtete bei. »Besonders seit die Mode wieder auf längere Röcke umgestiegen ist.« Ich gab ihm abermals recht. Wir waren regelrecht symmetrisch. Mit dieser Liebenswürdigkeit hätten wir die Hälfte der die Welt am meisten quälenden Probleme lösen können.

Ich steckte einen gefalteten Zehndollarschein in die Tasche seines blauen Overalls und bat ihn: »Parken Sie den Malibu neben der Tankstelle. Ich geh ins Büro. Wenn Sie sagen, sie sei heute nachmittag noch nicht ausgegangen, schadet's nicht, daß wir beide eine gute Sache beobachten.«

Ich mochte sein Grinsen wirklich.

Der Buick fuhr um 18.30 Uhr vor. Die beiden Insassen gingen in Nummer 8. Um 19.00 Uhr verließen sie das Zimmer wieder und betraten Nummer 9. Um 19.05 Uhr kamen alle drei heraus. Sie hatte andere Hosen angezogen: schleierrosa mit einer schwachen Spur Gold, das in der Spätnachmittagssonne glitzerte, als sie auf den Vordersitz zwischen die beiden glitt. Sie sah großartig aus. Red stolperte über einen Schlauch und fiel beinah auf die Nase.

Ich folgte mit dem Malibu. Die 50. Straße ist eine zweispurige, gewöhnlich überfüllte Asphaltdecke; um so mehr im Sommer, wenn die Rennbahnen und das Performing Arts Center in vollem Betrieb sind. Es ist eine typische Stadtstraße mit kleinen Einkaufspromenaden, Schnellimbiß-Buden, Tankstellen, Supermärkten und dazwischengestreuten Wohnhäusern. Es gibt einige Nebenstraßen. Zwischen den Buick und meinen Wagen geratende Autos vergrößerten unseren Abstand. Ein Überholvorgang zwecks Verringerung der Entfernung war unmöglich.

Ich verlor sie in Bad Ballston.

Geschickter Bursche, Ringhorn. Ich durchstreifte, mich beschimpfend, Saratoga. Der Verkehr ging so schleppend voran, daß mir genügend Zeit blieb, die Parkplätze zu überfliegen. Besonderes Augenmerk legte ich auf solche, die an ein Restaurant grenzten. Mir fiel nichts anderes ein, als zu dem Motel an der 50. Straße zurückzukehren und zu warten. Vielleicht könnte ich mit Red Benzin einfüllen.

Gerade als ich beschloß, einen neuen Plan auszuhecken, entdeckte ich den Buick vor einer bekannten Speise- und Bewässerungshöhle am nördlichen Stadtrand.

Das Essen im *The Shandaken* ist gut, aber nicht denkwürdig. Die U-förmige Theke nimmt fast ebensoviel Raum ein wie der Speisesaal und wird durch einen breiten, überwölbten Durchgang davon getrennt. Zu beiden Seiten des Büfetts stehen kleine Tische, und obwohl man dort ein Sandwich serviert bekommen kann, ist eine Hauptmahlzeit nur im Speiseraum erhältlich. Nach einer kleinen, freundlichen Unterhaltung hatte ich die Kellnerin davon überzeugt, daß diese Regelung ein bißchen pedantisch sei. Sie brachte mir einen Whisky pur, dann etwas später eine Portion Salat mit einem Dressing nach Art des Hauses, gefolgt von Krabbencocktail und Kaffee.

Ihr kurzer Rock wippte lustig beim Gehen. Ich erinnerte mich an eine von mir gelesene Kriminalgeschichte, in der der Autor beschrieb, was dieses Mädchen hatte: »Auf der göttlichen Drehbank gedrechselte Beine.« Könnt ich so schreiben, wär ich im Zeitungswesen geblieben.

Ich denke, mein Trinkgeld war der Ausgleich für die Durchbrechung des Reglements. Jedenfalls schenkte sie mir ein strahlendes Lächeln.

Ich ging an das untere Ende der Bar. Man sah deutlich, daß ich allein war und für eine Weile bleiben würde. Außerdem lag sie nahe des Ganges, der zu den Toiletten führte. Wenn meine Ahnung mich nicht trog, würden früher oder später rosafarbene, golddurchwirkte Hosenbeine vorbeimaschieren.

Sie taten es. Ich beobachtete sie mit Anerkennung, die nicht unbemerkt blieb. Die Theke war voll, als sie durch den Gang zurückkam. Sie blieb einen Moment stehen und spielte die Bestürzte, als hätte sie beabsichtigt, einen Drink zu sich zu nehmen. Die meisten Leute auf unserer Barseite waren zu zweit. Auf der anderen Seite unterhielten sich angeregt vier gutgekleidete Männer. Ich beobachtete, wie sie sie abwägend musterte. Sie mochte es als schwierig ansehen, ein Schaf von der Herde zu trennen.

Ich ließ im Geiste mein bestes schafähnliches »bäh« ertönen und trat von der Bar weg.

Sie lächelte und ging weiter. »Oh, danke«, sagte sie. Ihre Stimme klang gut, und sie schaute auch von der Spitze ihres kastanienbraunen Haares bis zu den Zehenspitzen so aus.

Ich bestellte ihr einen Drink, und weil ich ein unerschütterlicher Gentleman bin, wollte ich sie nicht bezahlen lassen. Als sie meine Frage, ob sie allein sei, bejahte – jedenfalls für diesen Abend –, meinte ich, wir hätten es bequemer an einem Tisch in einer ruhigen Ecke. Dem war so. Wir hatten es ausgesprochen gemütlich.

Während sich der Abend dahinschleppte, wurde ich rührselig und sie zutraulich. Ich zeigte ihr Bilder meiner Frau und der beiden Kinder im Teenageralter. (Wenn meine Schwester jemals herausbekommt, wozu ich die Schnappschüsse verwende, die sie mir geschickt hat!) Ihre Hand lag auf meinem Arm und sie beugte sich mit ungeheucheltem Interesse – ganz – vor, als ich ihr von meiner Elektronikfabrik in Toledo erzählte.

»Toledo«, murmelte sie in gedämpftem, damenhaftem Ton. »Ich habe eine Tante in Toledo.« Ich gab ihr eine meiner Geschäftskarten von den Ace Electronics. Es ist einfach, Präsident einer Elektronikfirma zu sein. Man muß nur zu Frank Patelli gehen, Hammonds Akzidenzdrucker.

»Oh«, sagte sie. »Ich kenne die Bascomb Street.«

Es gibt keine Bascomb Street in Toledo. Wenigstens konnte ich keine finden. Ich war versucht, ihr ein paar Kurzinformationen über Toledo zuzuwerfen, aber warum das Kaninchen aus dem Topf scheuchen, wenn das Wasser bereits warm wird? Ich erzählte ihr, meine Frau und meine Kinder seien mit Verwandten auf einem Lagerplatz in den Adirondacks, während ich meinen alljährlichen Versuch bei den Pferdchen mache.

Ich meinte, daß die dichtgedrängten Körper im *The Shandaken* das Scharmützel gegen die Klimaanlage gewinnen würden. Sie entgegnete, daß eine nette Fahrt über Land uns vielleicht abkühlen würde, besonders mich, der ich ein »solch leidenschaftlicher Bursche« sei.

Wir fuhren. Sie versuchte möglichst auf Tuchfühlung zu sitzen. Beide äußerten wir unser Bedauern über dieses Gestänge zwischen den Sitzen. Ein Buick folgte uns in diskretem Abstand, als wir in südlicher Richtung durch Saratoga fuhren. Ich schlug mein Motel vor. Sie lehnte ab mit der Begründung, sie kenne einige Leute, die gegenüber wohnten. Ich weiß nicht, was ich getan hätte, hätte sie zugestimmt. Sie sagte, sie mache Urlaub von New Jersey. Du meine Güte! Ein wahres Wort. Ich schlug ihr Motel vor.

Sie schüttelte traurig den Kopf, wobei ihr langes, kastanienbraunes Haar sich im Licht der Straßenlaternen hübsch kringelte. »Ich bin mit meiner Mutter hier. Sie ist wahrscheinlich noch auf und sieht fern.«

Ich schenkte ihr meinen Verzweiflungsblick Nummer fünf.

»Du bist so süß«, säuselte sie. Sie versuchte, sich über das Gestell hinweg an mich zu schmiegen. »Ich werd mir was einfallen lassen.«

Und sie tat's.

»Ich lebte mal in Bad Ballston. Deshalb habe ich Freunde, die in der Nähe deines Motels wohnen.« Vermutlich war ihre nächste Pause das, was man bedeutungsvoll nennt. »Ich kenne alle Hintergäßchen in dieser Gegend.«

Der Buick war nirgends in Sicht.

»Ich kenne die Straßen überhaupt nicht; nur die Strecke vom Motel zum Rennplatz, vom Rennplatz zum *The Shandaken,* und vom *The Shandaken* zum Motel.«

Der Platz, den sie wählte, war abgelegen. Elf Kilometer nördlich von der 29. Straße hielten wir in einem schmalen Seitenweg.

Links und rechts rahmten ihn dichter Wald ein; eine Mischung aus spindeldürren Pinien, Schierling und gemischtem Hartholz – seit dreißig Jahren vernachlässigtes Ackerland. Wir parkten am grasbewachsenen Straßenrand.

Ich grinste sie an und fragte mich, ob sie wohl meine nervöse Spannung spürte. Wenn ja, würde sie es hoffentlich eher der Vorfreude zuschreiben als meiner Besorgnis.

»Ich würd keine Knöpfe mehr öffnen, wenn ich du wär«, sagte ich. »Du könntest dir in der Nachtluft eine Erkältung holen.« Ich suchte nach der Handtasche auf dem Boden zu ihren Füßen und warf sie auf die Ablage beim Rückfenster. Sie fühlte sich nicht schwer genug an, um eine Pistole zu enthalten, aber in diesem Fall könnte auch eine Hutnadel tödlich sein.

Sie hörte zu knöpfen auf. Ich glaubte, sie wolle ihre Faust verschlucken. »Polyp« war das Wort, das sie am häufigsten wiederholte bei der Sturzflut, die durch die gegen ihre Lippen gepreßten Knöchel verstümmelt wurde.

Ich öffnete die Tür, so daß das Innenlicht anging; die Fotokopie meiner Lizenz wurde zu kurz beleuchtet, als daß sie meinen Namen hätte lesen können. »Nicht Polizei. Privatdetektiv. Deine Freunde werden vermutlich bald da sein. Ich finde keinen Geschmack daran, dich zu fesseln, würde dich jedoch nicht die vertrauenswürdigste Person nennen, der ich je begegnet bin. Wenn du dich wehrst, könnte ich wütend werden und versucht sein, dein Licht auszupusten.«

Sie streckte die Hände aus.

»Beug dich vor und halt sie hinter dich.« Ich benutzte die langen Streifen eines alten Bettuchs, die ich unter den Sitz gesteckt hatte. Dann ging ich um den Wagen herum auf ihre Seite und fesselte ihre Knöchel. Sie klagte wegen des Knebels, aber manchmal bekomme ich einen störrischen Charakter. Als ich sie hochhob und auf den Rücksitz verfrachtete, war sie unter der Berührung warm und zärtlich-bestimmt.

Ich band sie an die Sitzgurte, so daß sie sich nicht aufrichten konnte.

Dann handelte ich so heimtückisch, wie es jeder Privatdetektiv unter ähnlichen Umständen tun würde. Ich packte meine Pistole und versteckte mich im Unterholz, das an den Straßengraben grenzte. Während der neun Minuten, in denen ich zwischen hohem Unkraut und großem, buschigem Preiselbeergestrüpp umherkroch, machte ich mir weitere Gedanken über meine Karriere: Warum schienen so viele meiner Fälle dem Höhepunkt in Begleitung von Moskitomusik zuzusteuern? Ich schlug und kratzte, während ich dafür eine Lösung zu finden versuchte.

Die beiden im Buick waren schlau. Das Straßenstück, auf dem ich parkte, befand sich am Fuß eines langen, seichten Gefälles, dessen oberes Ende eine schwungvolle Kurve krönte. Sie löschten die Scheinwerfer zu Beginn der Kurve; deshalb sah ich durch die Bäume kaum ein Flackern. Sie rollten mit ausgeschaltetem Motor zur vorderen Stoßstange meines gemieteten Malibu. Sie mußten die Glühbirne der Innenbeleuchtung beim Buick herausgeschraubt haben und entstiegen dem Wagen so leise, wie Aale dunkles Wasser durchpflügen.

Trotz teilweiser Wolkendecke konnte ich im Mondlicht sehen, daß jeder von ihnen etwas in der Hand trug. Die zwei bewegten sich unheimlich leise. Wenn Hazzard den Motor laufen ließ, um die Lüftung in Betrieb zu halten, hatte er nichts gehört.

Der Kleinere der beiden, der mit der zerquetschten Nase, begab sich auf die dem Graben zugewandte Wagenseite. Sie rissen die Hintertüren auf, und Blitzlichter begannen aufzuflammen. Sie feuerten beide ein paar Schüsse mit ihren Kameras ab, bevor ihnen klar wurde, daß Andrea allein auf dem Rücksitz lag.

»Bleib ganz ruhig stehen«, befahl ich dem einen auf der Grabenseite. »Was du gegen dein Rückgrat puffen fühlst, ist kein Finger, sondern 'ne Pistole. Halt die Kamera mit beiden Händen.«

Der auf der Straßenseite begann sich rückwärts gehend von der offenen Tür zu entfernen.

»Sag seinem Freund, er soll auch stehenbleiben. Besser für dich, wenn er pariert. Du und ich gehen jetzt ganz langsam zusammen auf die andere Seite. Jetzt leg dich über die Motorhaube vom Buick.« Als er meiner Anordnung Folge leistete, schwenkte ich das Schießeisen zu Streifenhemd herum, der noch immer neben dem Malibu stand.

»Du auch, über die Motorhaube!«

Ich nahm ihnen die Kameras ab, griff auf der Fahrerseite ins Wageninnere und schaltete die Scheinwerfer an. Ich klopfte die beiden Kerle ab. Der kleine Bursche mit dem mausbenagten Ohr hatte eine Bleispritze im Schulterhalfter stecken. Ich nahm sie an mich. Der andere besaß so viele Muskeln, daß er wahrscheinlich annahm, er brauche kein Schießeisen.

Ich fischte Andreas Handtasche aus dem Malibu. Sie lag miauend und mit Augen, die einer Wildkatze glichen, auf dem Rücksitz. Als ich den Knebel beiseite schob, begann sie zu fluchen. Ich steckte ihn zurück.

»Wenn du aufhörst mit dem Lärm, nehm ich ihn raus«, bot ich ihr an. Sie nickte. Ich zog Andrea heraus, band sie los und bugsierte sie zu ihren Freunden hinüber. Die Buickhaube begann sich zu füllen. Ich warf die Tasche auf den Rücksitz ihres Wagens, zog den Zündschlüssel ab und drückte die Mündung der Smith & Wesson hinter das rechte Ohr des Größeren.

»Du schuldest mir zweihundert Dollar.« Ich zog ihm die Brieftasche aus der Gesäßtasche. Die beiden großen Scheine waren verschwunden, doch ich fand vier Fünfziger und steckte seine Brieftasche wieder an ihren Platz. Es blieb nicht viel drin.

»Hazzards Geld auf dem Rennplatz verloren?« fragte ich. Das Mädchen wandte den Kopf und blickte von einem zum anderen. Es war klar, daß es darüber später eine Diskussion geben würde.

Es gehörte etliches einhändiges Jonglieren dazu, den Film einer der beiden Kameras, die ich auf der Motorhaube des Malibu liegengelassen hatte, zu transportieren. Es erforderte sogar noch mehr, meine Kanone in angemessener Drohung umherzuschwenken, während ich von den dreien eine Aufnahme machte.

»Wenn ich richtig vermute, wart ihr zu verstört, einen neuen Film einzulegen, nachdem ihr Hazzard mit Andrea fotografiert habt.« Der Gesichtsausdruck des bulligen Ganoven sagte mir, daß ich recht hatte; der unentwickelte Film befand sich in den Apparaten. »Was die Aufnahmen betrifft, die ihr gerade von Andrea allein gemacht habt, so ist's schade, daß ich mich nicht in Eheketten befinde.«

»Wer sind Sie? Was bedeutet das?« Worte begannen unter der krummen Nase hervorzusprudeln.

»Er ist Privatdetektiv«, antwortete Andrea.

»Schließen wir ein Geschäft ab.« Der große Kerl erhob sich von der Haube und gestikulierte mit den Händen.

»Runter, du Landstreicher«, befahl ich. »Ich hab das bestmöglichste Geschäft. Ein nettes Bild für die Bezirkspolizei und den

Sheriff, Fingerabdrücke auf den Kameras, eure Zulassungsnummer – die künstlerischen Werke. Aber ich liefere sie nicht aus, wenn ihr euer Motel aufgebt und eure Straßenshow anderswo abzieht, weit weg. Sollte ich euch jedoch nochmals in dieser Gegend sehen, oder solltet ihr euch Hazzard nähern, wenn er wieder zu Hause ist, seid ihr fällig. Ihr habt euch für sein Geld ein bis zwei nette Tage auf dem Rennplatz gemacht. Er hat's verdient. Jeder Hahn, der in einen fremden Hühnerstall eindringt, muß damit rechnen, gerupft zu werden. Wenn die Abdrücke getilgt sind, werde ich ihm die Kameras geben. Scheinen gut zu sein. Er kann sie verkaufen oder damit fotografieren.«

Ich warf das Schießeisen, das ich dem kleineren Burschen abgeknöpft hatte – ohne Patronen – in den Wald. Als ich die Schlüssel des Buick hinterherwarf, stöhnten alle drei gemeinsam.

»Jetzt machen wir einen Spaziergang die Straße hinunter.« Wir schlenderten ungefähr hundert Meter. »Setzt euch.« Ich blickte den großen Kerl an. »Bleibt hier. Ich würd euch ungern in die Beine schießen. Diese Schuhe sehen teuer aus.« Ich begann mich rückwärtsgehend zu entfernen. »Wenn ihr nach den Schlüsseln sucht, paßt auf die Moskitos auf. Ich würd gern wissen, ob sie hier genauso groß sind wie in New Jersey. Schickt mir eine Postkarte in mein Büro in Toledo. Andrea hat die Adresse.«

Ich kehrte zum The Shandaken zurück und frage mich, wann die nette Kellnerin wohl Dienstschluß habe. Morgen blieb Zeit genug, mit Hazzard in Verbindung zu treten. Er konnte mir, wie ich beschloß, fünfundsiebzig im Monat schicken, bis seine Rechnung bezahlt war. Man stelle sich mich mit geregeltem Einkommen vor. Meine Bank würde diesen Schock nicht verkraften.

O ja. Karen vom The Shandaken. Sie hatte um halb zwei Schluß, und die Nacht war noch jung.

Bedenken Sie, daß ich am Nachmittag ein Nickerchen machte.

Originaltitel: THEY ALWAYS LOOK BEST FRAMED. 8/78

Dana Lyon

Die Sommerhütte

»Sag's mir, Tantchen«, bat ich wieder einmal. »Sag's mir.«

»Was denn, Liebes?« fragte sie mit für ihr Alter zu unschuldi-
gen, zu jungen Augen. »Was willst du denn wissen?«

Immer, immer wieder. Ihr Verstand reduziert sich auf den eines
Kindes und meiner gerät in Ekstase.

»Von meinen Alpträumen«, versuchte ich geduldig zu erklären. »Ich habe dir davon berichtet, was ich als kleines Mädchen
sah; meine Kopfschmerzen werden immer schlimmer. Ich weiß
aber, daß sie besser werden, wenn mir jemand sagt, was es war.
Auf meine Fragen behaupteten sie jedesmal, ich hätte mir alles
nur eingebildet. Wer kann sich bloß einbilden, was ich gesehen
habe? Oder sie sagten, es sei alles ein schlechter Traum gewesen.
War es das wirklich? Das ist's, was ich wissen will!«

»Aber jetzt bist du erwachsen«, meinte Tante Sara, »warum
quälst du dich also mit etwas, das so lange zurückliegt?«

»Weil es wie eine fixe Idee ist!« Ich schrie es ihr beinahe
entgegen. Meine Geduld war zu Ende. »Ich habe dich immer
wieder gefragt! Was habe ich draußen in der Sommerhütte gesehen?«

Nach einem Moment erkundigte sich Tante Sara listig: »Wenn
ich es dir sage, läßt du mich dann gehen? Zurück in mein eigenes
Haus?«

»Aber natürlich, Tantchen«, antwortete ich mit jetzt
beschwichtigender Stimme. »Das weißt du doch. Ich habe nur
gedacht, es wäre hier für dich besser; du wirst nämlich wirr im
Kopf, weißt du; hier bei mir bist du sicherer. Für eine Weile.«

»Bis ich es dir erzähle«, sagte sie; manchmal war ich nicht so
überzeugt davon, daß sie überhaupt senil war. Aber wie sonst
konnte ich sie bei mir behalten? Ich mußte es wissen. Diese
ganzen Jahre mit ihren Alpträumen im Wachen und Schlafen, mit
der Migräne und dem Bewußtsein, daß ich das, was passierte, vor
Jahren hätte vergessen sollen und es doch nicht konnte. Wenn ich
es erst einmal wußte, konnte ich es. Wochenlang lebte Tante Sara
jetzt bei mir; wochenlang hatte ich es ihr mit Zwang, Schmeiche-
lei, versteckten Drohungen, Bohren und allem anderen nur

Erdenklichen zu entlocken versucht; sie wechselte jedoch jedesmal das Thema und benahm sich wie ein eigensinniges, neunjähriges Kind.

Neun Jahre. So alt war ich damals. Obwohl das Erlebnis so viele Jahre zurücklag, beherrschte es mich immer noch. Ein Traum? Eine Halluzination? Eine im Gedächtnis gebliebene Geschichte von denen, die Tante Sara uns Kindern zu erzählen pflegte? In jenen Tagen schrieb sie Kindergeschichten und verkaufte sie, erzählte sie aber immer erst uns, um die Reaktion zu testen.

Die Familie war jetzt in alle Winde verstreut: der große Patriarch, an den ich mich undeutlich erinnerte, die Tanten, Onkels und Basen. Sie führten ihr eigenes Leben, weit weg vom einstigen Familienkern. Aber warum? Was war geschehen mit dieser unantastbaren Einheit, der Familie, die meinem Großvater näher stand als Gott oder Vaterland. Diese Einigkeit hatte er seinem Jungvolk bis zu einem Ausmaß eingeimpft, daß sie in einem Notfall oder für ein Familientreffen alles liegen- und stehenlassen und zum alten Familienbesitz in den Bergen an der Küste Kaliforniens eilen würden: zu der Ranch, die man in anderen Landesteilen als Farm bezeichnet. Es war ein altmodisches Haus mit Weinreben, die es fast einhüllten, dem Geruch nach frischem oder verfaulendem Obst – je nach Jahreszeit, dem Hain unten am Wasserfall, in dem die Familientreffen abgehalten wurden – natürlich meist mit Großvater als Vorsitzenden. Ein wohlwollender Diktator, liebevoll, streng, immer gerecht. Er sprach Recht, erteilte seine Befehle in der denkbar freundlichsten Weise, und jedermann befolgte sie, nicht aus Furcht, sondern aus Loyalität.

Und dann war plötzlich alles aus. Es gab keine Familientreffen mehr, Großvater sah alt und gebrechlich aus, die anderen – vier Söhne und zwei Töchter – waren zu ihren eigenen Familien zurückgekehrt und führten ihr Privatleben.

Weil ich zum damaligen Zeitpunkt noch sehr klein war, sind mir die Leute vom Lehensgut meines Großvaters nur undeutlich in Erinnerung, außer daß sie alle durch Verwandtschaft oder Heirat zur Familie gehörten und wir einst eine glückliche Einheit rund um unseren Patriarchen bildeten. Aber dann kam die Zeit, in der ein Keil zwischen die familiären Beziehungen geriet; Großvater wurde älter und stiller und übte seine Macht nicht mehr aus. Er lebte allein, und seine Nachkommen führten ihr eigenständiges Leben, das zu seinem keinen Bezug mehr hatte.

Der letzte Tag dort: das letzte Zusammentreffen – Großvater war seit vielen Wochen tot – und der Abbruch des Hauses sowie der Ranch durch die Überlebenden. Keine Tränen, doch eine lautlose und düstere Atmosphäre. Dann die schreckliche Erinnerung daran, wie mein kleiner Hund in die Berge jagte, und ich hinter einem großen Felsbrocken zu einer Feldsteinhütte mit verrammelten Fenstern kam; neugierig wie jedes Kind kletterte ich hinauf und schaute hinein; ich stieß einen gellenden Schrei aus und fiel zurück auf den Boden; dann rannte, stolperte und kroch ich schluchzend zum Haus und zu meiner Mutter zurück. Seitdem verfolgten mich die Alpträume; sie nahmen sogar eher zu statt nachzulassen, denn nach dieser furchtbaren Entdeckung war meine Erinnerung zuerst ausgeschaltet. Niemand beantwortete meine Fragen, keiner erzählte mir etwas, außer daß ich mir das Gesehene eingebildet haben müsse oder geträumt hätte. Aber ich habe nicht geschlafen.

Als ich nach dem Tod meiner Mutter eines Tages Tante Sara besuchte, fand ich heraus, daß sie gestürzt war und sich leicht verletzt hatte. Sie hatte versäumt, sich Lebensmittel ins Haus zu holen, und deshalb nahm ich sie mit zu mir. Tante Sara lebte ziemlich weit entfernt, und ich besuchte sie selten, wußte jedoch nicht, wie sie auf die Idee kam, ich würde sie nicht in ihr eigenes Häuschen zurückkehren lassen, bevor sie mir von der Sache in der Sommerhütte erzählt habe; natürlich konnte sie gehen, sobald ihr Gesundheitszustand die Reise zuließ, und sobald ich sicher sein konnte, daß sie nicht länger wirr im Kopf war.

»Sag's mir, Tantchen«, bettelte ich. »Sag mir, was ich in der Sommerhütte gesehen habe. Ich muß es wissen. Es war keine Einbildung von mir – ich hab's gesehen – niemand wollte es mir jemals sagen; ich werde an diesen Kopfschmerzen und Träumen sterben, wenn ich es nicht erfahre.«

Deshalb erzählte sie mir die Geschichte. Endlich.

»Ich weiß nicht«, begann sie, »wieviel dir über unsere Familie bekannt ist. Wahrscheinlich nichts, da du noch so jung warst, als die Ereignisse stattfanden, die unsere Einheit zerstörten. Zweifellos erinnerst du dich an uns nur als entfernte Verwandte, die du gelegentlich – wenn überhaupt – zu Gesicht bekamst; aber es gab einmal sieben von uns, und wir hielten fest zusammen – Liebe und völliger Gehorsam deinem Großvater gegenüber lauteten die Gebote unseres Lebens.

Dein Großvater war im wahrsten Sinne des Wortes ein Patriarch – ein wohlwollender, sicher, aber sein Wort war Gesetz, und wir empfanden Dankbarkeit für seine Führung: er war freundlich, liebevoll und hatte immer ein offenes Ohr für unsere Nöte. An oberster Stelle lernten wir von ihm Loyalität – nicht nur gegen Gott und Vaterland, sondern zuerst und vor allem gegen die Familie. Wir lernten früh, uns um jedes Familienmitglied zu scharen, das irgendwelche Schwierigkeiten hatte und – noch wichtiger –, die Lippen außerhalb der Familie versiegelt zu halten. Unsere Einheit, gab er uns zu verstehen, muß immer intakt bleiben, und so sollte es bis hinunter zu unseren Kindern gehandhabt werden.

Was er jedoch nicht verstand war, daß die Zeiten, Menschen und Generationen sich änderten. Seine Enkel sind in die Welt hinausgegangen und haben ihre eigenen Familien gegründet, und es gibt nirgendwo mehr eine Einheit. Aber in jenen Tagen blieben wir uns tatsächlich untereinander treu. Von Vater erfuhren wir völligen Schutz. Unter uns und allen Vorsätzen zum Trotz befanden wir uns in größtmöglicher Sicherheit. Was, wie wir jetzt wissen, das Schlimmste war, was uns passieren konnte –«

»Tantchen«, bat ich, »bitte sag's mir. Warum wart ihr sieben? Wer war der Siebente?«

»Er hieß Donnie«, fuhr sie fort; ihre Stimme wurde klar, ihre Augen durch die Intelligenz darin wunderschön. »Er war unser kleiner Bruder, der erst Jahre später ankam, als wir schon glaubten, unsere Familie sei vollständig. Er war die Ursache für Mutters Tod, da Vater ihr versicherte, sie brauche nicht ins Stadtkrankenhaus zu gehen, als während ihrer Schwangerschaft alarmierende Anzeichen auftraten.

Wir übrigen erzogen Donnie. Er war ein wunderschönes Kind mit goldenen Locken und einer sonnigen Art, uns alle zu necken; zu gewissen Zeiten ging er in sich, als lebte er in einer anderen Welt und hätte hinter sich die Tür geschlossen. Ich kann gar nicht sagen, wie sehr wir ihn liebten, wie wir uns um ihn sorgten, ihn beschützten und umhegten. Donnie. Manchmal glaube ich, er war nur eine Erfindung unserer Vorstellungskraft –«

»Ich will das über die Sommerhütte hören«, forderte ich ungeduldig. »Sag mir, was ich wissen will, Tantchen.«

»Das versuche ich doch, weil ich nach Hause möchte, und du mir das erst erlaubst, wenn ich es dir erzählt habe. Du sagst es zwar nicht, aber es ist die Wahrheit – Donnie war unser Liebling, unser Schatz. Wir hätten ihn furchtbar verzogen, wenn das möglich gewesen wäre; doch er war nur er selbst – sonnig, liebte den Spaß, manchmal ungehorsam – wie Kinder eben sind, aber danach immer so zerknirscht, daß es ihm keiner übelnehmen konnte. Doch dann geschah etwas mit ihm.

Er wurde sehr krank – Kinderlähmung nannten sie es damals – und wir alle pflegten ihn und beteten für ihn. Er war lange krank, und als er sich schließlich erholte, hinkte er ein wenig; das blieb ihm. Es war der gleiche Donnie, aber doch ein anderer, als wäre der Schatten einer Wolke auf die mit goldenem Sonnenlicht überflutete Sommerwiese gefallen, und das machte ihn zu einem größeren Schatz als jemals zuvor.

Dann – es ist schwer für mich, darüber zu sprechen, aber genau das willst du ja wissen. Ich werde es so schnell und kurz wie möglich machen. Donnie war achtzehn Jahre alt. Er liebte die Menschen, Tiere und Berge seiner Heimat mehr als alles andere auf der Welt. Er lebte jetzt allein mit Vater auf der Ranch. Wir übrigen waren verheiratet und hatten uns in verschiedenen Kleinstädten im Tal niedergelassen.«

Sie machte eine Pause, ihre Augen in weiter Ferne, als läge jetzt so etwas wie ein längst vergangener Tod über ihr.

»Donnie war damals achtzehn«, wiederholte sie, »als ein Mädchen von der Nachbarranch vergewaltigt und ermordet aufgefunden wurde. Der Verdacht haftete an Donnie, weil man ihn als letzten mit ihr gesehen hatte. Und er rannte davon. Aus Furcht, nicht aus Schuldgefühl, denn er war immer gegen alles abgeschirmt worden, verstehst du.

Die Familie hielt noch einmal fest zusammen. Wir stellten uns vor Donnie und entzogen ihn dem Sheriff und seinen Stellvertretern, die natürlich zuerst bei uns suchten. Aber wir kannten alle Verstecke oben in den Bergen und unten entlang des Flußbetts; wir fütterten ihn und sorgten dafür, daß er ein Dach über dem Kopf hatte. Wir sicherten ihn auf jede erdenkliche Art ab, bis ein angeheirateter Verwandter ihn verriet.

Dieses angeheiratete Familienmitglied war mein Mann; er war Anwalt in einer Kleinstadt, seinem Beruf völlig ergeben und entsetzt bei dem Gedanken, daß sich eine ganze Familie mitschuldig machte und sich dem Gesetz widersetzte.« Sie legte eine Pause ein, ihr Gesicht war eine Studie des Elends.

»Wir führten eine glückliche Ehe. Zwar blieb sie kinderlos, aber das verband uns nur noch inniger miteinander. Doch meine Zugehörigkeit zur Familie war so stark, daß vom Zeitpunkt seines Verrats an unsere Ehe zerrüttet wurde.

Wie dem auch sei, Donnie wurde verhaftet und ins Gefängnis gesteckt, hinter Gitter, wo die kindliche Qualität seiner Natur alt, verloren und hilflos wurde. Er war noch immer unser Donnie, aber auf eine unbekannte Weise. Die zivilisierte Welt hatte von ihm Besitz ergriffen, ihn aufgerüttelt, ihm ihren Stempel aufgedrückt und ihre Zeichen der Brutalität zurückgelassen, wo vorher keine waren.

Natürlich fand eine Verhandlung statt. Wir hatten wenig Geld, aber wir opferten jeden uns gehörenden Cent. Wir belasteten unsere Häuser und Farmen mit Hypotheken, verweigerten unseren Kindern eine höhere Bildung, opferten unsere Ersparnisse und machten Schulden, um Donnie zu retten. Und wir retteten ihn. Wir logen für ihn, schufen ihm nicht existente Alibis, weil wir wußten, daß er diese schreckliche Tat nicht begangen haben konnte und weil er ein Mitglied unserer Familie war.

Nach der Verhandlung trennte sich die Familie wieder, obgleich unsere Hoffnung auf eine unabhängige Zukunft zunichte gemacht war. Einige von uns hatten ihr Heim verloren, Armut und Bitterkeit seitens unserer Männer und Frauen gehörte nun zum Leben. Einige unserer Kinder verließen ihr Elternhaus und zogen in ein fremdes, eigenes Leben. Es gab Trennungen und Scheidungen. Es gab Reibereien, und es fehlte die Führung; kein vertrautes Familienzentrum mehr – wir gingen alle in verschiedene Richtungen, alle waren wir verstreut. Vater berief wohl ein Familientreffen ein, doch kaum einer kam. Wir standen fast nicht miteinander in Verbindung. Keinem lag etwas daran. Vater wurde zusammen mit uns alt und verbittert.

Aber wir hatten noch immer unseren Donnie, der die Berge durchschweifte, seine verlorene Jugend zurückgewann und das

Leben wieder seltsam und wundervoll fand.«

Sie sprach jetzt lange Zeit nicht, und ich konnte die Schweißtropfen auf ihrem müden, alten Gesicht sehen. Ich wischte sie mit einem sauberen Tuch fort und haßte mich selbst, weil ich sie dazu zwang, die Vergangenheit heraufzubeschwören. Aber ich mußte Bescheid wissen.

»Sag's mir, Tantchen«, flüsterte ich. »Was ist passiert?«

»Ein paar Zigeuner hatten unten am Fluß ihr Lager aufgeschlagen«, sagte sie, »und Vater ließ sie in seiner Gutmütigkeit dort bleiben. Eines Abends, als er auf der Veranda saß, hörte er die Schreie eines jungen Mädchens und eilte so schnell er konnte die Straße hinunter. Er fand Donnie, der das Mädchen zu Boden geworfen hatte, auf ihr kniete und mit den Händen ihren Hals umklammerte.

Da wußte Vater, daß alle unsere Opfer umsonst gewesen waren – sein Königreich zerstört, seine Kinder in alle Winde verstreut und verbittert, seine Enkel Gott weiß wo; alles, was er aufgebaut hatte, zugrundegerichtet durch den irregeleiteten Schutz seines mörderischen jüngsten Sohnes.«

Krank im Herzen saß ich ihr zu Füßen und wartete.

»Vater war der gutmütigste Mann, aber er konnte auch ein strenger Richter sein. Deshalb sperrte er Donnie mit grimmiger Entschlossenheit oben in die Sommerhütte hinter dem großen Felsbrocken. Jeden Tag, bei Regen oder Sonnenschein, stieg er mit Nahrungsmitteln für ihn den Berg hinauf. Nachdem mein Mann Donnies Aufenthalt verraten hatte, traute er keinem mehr von uns. Deshalb erzählte er niemandem, was er getan hatte.

Dann eines Tages bekam Vater – allein in seinem Haus – einen Herzanfall. Als er gefunden wurde, brachte man ihn in das Ortskrankenhaus; er konnte weder sprechen noch schreiben. Wochenlang lag er im Koma. Als schließlich die Worte stockend herauskamen, erfuhren wir, was mit Donnie geschehen war. Aber zu spät. Ohne Nahrung und Wasser war Donnie gestorben. Noch einmal schloß sich die Familie zusammen und schwor, niemals zu einer lebenden Seele darüber zu sprechen. Wir ließen Donnie dort oben. Ihn hast du gesehen.«

Es war still, nachdem sie zu sprechen aufgehört hatte, und tief drinnen in meinem Kopf begann wieder die Qual, schlimmer als je zuvor. Lichter flackerten mir vor den Augen, und die Todesangst durchzog meinen ganzen Körper. Ich konnte nicht gehen, sondern kroch ins Bad; mir war übel. Ich sah nichts außer den stechenden Lichtblitzen und verspürte nur einen unerträglichen Schmerz.

Denn ich wußte, daß meine Tante gelogen hatte.

Plötzlich, inmitten meiner furchtbaren Qual, kam die Erinnerung, die ich fast aus dem Gedächtnis gestrichen hatte. Niemals vergaß ich den schrecklichen Anblick, der sich meinen Augen bot, als ich durch die Fenster der Sommerhütte spähte: ein schon lange toter Körper, aber noch kein Skelett; doch erst jetzt ließ mein Gedächtnis alle Einzelheiten zurückkehren; jetzt, mit dem stechenden Schmerz und dem Wissen, daß meine Tante gelogen hatte.

Der Mann, den ich in zerschlissenen Lumpen auf dem Boden der Sommerhütte erblickte, besaß glattes, schwarzes Haar, nicht die von meiner Tante beschriebenen goldenen Locken. Und eine andere Kindheitserinnerung kehrte zurück: der Mann meiner Tante hatte glattes, schwarzes Haar.

Ich kroch vom Badezimmer zu ihr zurück, und sie bat flehend: »Kann ich jetzt bitte heimgehen? Du hast es mir versprochen.«

»Ja«, flüsterte ich, »aber zuerst mußt du mir die Wahrheit sagen. Wer war der Mann in der Sommerhütte? Sag's mir, Tantchen. Dein Mann? Hat ihn dein Vater dort eingesperrt, weil er die Familie hinterging? Und durchstreift Donnie noch immer die Berge, ist noch immer frei? Noch immer – gefährlich?«

Aber sie antwortete mir nicht mehr. Sie lächelte auf ihre einfältige Art, und ich konnte sehen, daß sie wieder einmal – vielleicht für immer – weit weg wanderte: in eine heile Welt mit sanften Hügeln, wogenden Wiesen und lieblichen Wolken am Himmel.

Originaltitel: THE SPRINGHOUSE. 11/77

Robert Twohy

Der Teufel in uns

An diesem Freitag im Mai teilte Richard Haydrick um 16.20 Uhr seinem Zahnarzt telefonisch mit, daß ihm eine Zahnkrone herausgefallen sei.

»Beim Kaffeetrinken mit meinem Chef. Das Ding fiel direkt in die Tasse, zack. Etwas peinlich.«

»Kann ich mir vorstellen. Schmerzen?«

»Nein. Es ist die Krone, die du mir vor drei Jahren eingesetzt hast.«

»Hast du sie noch?«

»Natürlich.«

»Bring sie vorbei, dann zementier ich sie wieder ein.«

»Heute kann ich nicht. Ich hab eine Verabredung mit einem Versicherungsagenten. Man merkt's nicht, außer wenn ich lächle – dann seh ich wie ein Vampir aus. Morgen hast du vermutlich keine Sprechstunde?«

»Für dich schon. Wie wär's mit zehn Uhr?«

»Klingt gut, Jim.«

»Vielleicht können wir anschließend zum Scheibenschießen gehen.«

»Ja. Da waren wir schon lang nicht mehr.«

»Dann um zehn Uhr.« Der Zahnarzt legte auf.

Haydrick holte seine Jacke, wünschte Jane, der Empfangsdame, gute Nacht und verließ das Gebäude in der Montgomery Street von San Francisco, in der die Zentrale der Vereinigten Luftfiltergesellschaft lag. Da es Freitag war, hatten die meisten Banken bis sechs Uhr abends geöffnet. Er ging zwei Straßen weiter zu seiner Bank und schrieb einen Scheck über tausend Dollar aus; er ließ sich das Geld in Hundertdollarscheinen ausbezahlen. Dann stand er vor dem Gebäude und winkte den vorbeifahrenden Taxis. Endlich hielt eines. Er stieg ein und nannte dem Fahrer die Adresse: »Pepper Street 519.«

Sein Zahnarzt wäre überrascht gewesen, denn die Pepper Street in der Nähe von Chinatown ist eine kleine Straße mit verfallenen zwei- und dreistöckigen Fachwerkhäusern. Kein angesehener Versicherungsagent würde hier seine Zelte aufschlagen. In der Pepper Street lebt ein Gemisch aus Arbeitern, Studenten, Künstlern und Schriftstellern. Die Mieten sind – nach gegenwärtigem Maßstab – billig, und die Atmosphäre dem angemessen.

519 war ein Dreifamilienhaus. An der linken Glastür hing ein Schild »Zu vermieten«. Bei dem Klingelknopf auf der rechten Seite stand ein chinesischer Name. Über die mittlere Türglocke war eine gedruckte Visitenkarte geheftet: FLORIO.

Haydrick drückte auf die mittlere Klingel, und ein paar Augenblicke später seufzte und keuchte die Tür, dann sprang sie auf. Eine steile, düstere Treppe führte hinauf. Oben stand ein schlanker Mann mit lockigem, dunklem, grau gesprenkeltem Haar. Er spähte auf den gut gekleideten, umfangreichen, blühend aussehenden jungen Mann, der unten stand. Er sah aus wie jemand, der einen Freund erwartet hat, einen Fremden sieht – und den Gläubiger fürchtet.

Haydrick fragte: »Anton Florio?«

»Ja?«

»Ich bin Richard Haydrick.«

»Haydrick.« Erleichterung löschte den gespannten Blick aus den dunklen, klaren Augen. »Sie müssen Louises Mann sein. Kommen Sie herauf.«

Er trug einen schäbigen, grünen Pullover und dunkle, mit unzähligen Farbklecksern befleckte Hosen. Sein längliches, starkknochiges Gesicht durchfurchten Linien der Mühsal und Mutlosigkeit.

Haydrick atmete schwer vom Treppensteigen. Er folgte ihm ins vordere Zimmer. Abstrakte Gemälde und Kohlezeichnungen hingen an den Wänden; sie waren alle mit einem schwungvollen Anton signiert, und die meisten trugen Monat und Jahr. Eine Staffelei stand auf ausgebreitetem Zeitungspapier fast in der Mitte des Zimmers. Eine frische Leinwand lehnte darauf und war bereit, mit Leben erfüllt zu werden.

Die Gemälde an der Wand waren farbenfroh, die Farben schienen zu pulsieren; offensichtlich verstand Florio sein Handwerk. Haydricks Frau hatte es ihm gesagt und sie wußte: einunddreißig Jahre alt, ewiger Kunststudent; zuerst in New York, dann in Chicago und Paris, jetzt in San Francisco. San Francisco wimmelte von Unterricht gebenden Malern, aber Louise Haydrick hatte sich für ihr Studium den nur Kunstkennern bekannten

Florio ausgewählt. Nun, er war also gut; man kann gut sein und trotzdem erfolglos.

Florio fragte: »Sie wollten mich sprechen?«

»Kann ich mich setzen? Es dauert vielleicht eine Weile.«

Es gab zwei Stühle, einen aus Holz und einen mit Stoffbezug. Florio winkte ihn zu letzterem und nahm selbst auf dem harten Platz. Haydrick sagte: »Meine Frau hat erwähnt, daß Sie nach New York übersiedeln wollen.«

»Das stimmt. Dort gibt es für Künstler mehr Möglichkeiten.«

»Aber Sie haben kein Geld für den Umzug.« Haydrick zündete sich eine Zigarette an und lächelte schief. »Der Grund für Probleme ist immer Geld.«

Die Stimme des Künstlers war schneidend. »Worauf wollen Sie hinaus?«

»Finden Sie meine Frau wenigstens ein bißchen anziehend?«

»Was?«

»Ich beiße nicht. Ich frag ja nur.«

Florio stand auf. Er holte einen Aschenbecher und stellte ihn auf die Armlehne von Haydricks Stuhl. »Hören Sie, Haydrick, ich habe Ihre Frau nicht mehr gesehen, seit sie vor zwei Monaten den Kurs beendet hat.«

»Das hab ich auch nicht behauptet.«

»Sie war eine Schülerin von mir, das ist alles. War sie hier, war eine andere Schülerin – eine Frau mittleren Alters - gleichfalls anwesend. Wollen Sie ihren Namen wissen?«

Haydrick winkte mit der fleischigen Hand ab. »Ich will ja gar nichts andeuten.«

»Was dann?« Florio hatte sich wieder gesetzt.

»Ich versuch herauszufinden, ob Sie Louise abstoßend finden.«

»Was soll das?«

»Dieses magere, käsige Gesicht stößt Sie nicht ab?«

»Haben Sie getrunken?«

»Nein. Ich will damit sagen, daß Louise nicht mein Typ ist. Ist's nie gewesen. Ich kenne meinen Typ und will ihn auch kriegen. Ich will das, was ich mir wünsche.«

Der Maler machte große Augen. Haydrick fuhr fort: »Mit Louise verheiratet zu sein macht mich krank. Aber ich sitz in der Falle. Sie wissen doch, warum?«

»Nein. Wie könnte ich?«

»Mir sind die Hände gebunden, weil ihr Onkel – George Wensley – mein Brötchengeber ist, und ich bei ihm zu bleiben gedenke. Ich arbeitete als Lagerverwalter, als ich Louise heiratete. Sie war eine Waise und Wensleys Mündel. Jetzt bin ich Vertreter, und meine Zukunft ist gesichert. Aber wenn ich ohne verdammt guten Grund die Scheidung einreiche, wird er mich Knall auf Fall entlassen. Doch er ist noch von der alten Schule, und wenn ich einen guten, altmodischen Grund hätte. Beginnen Sie zu begreifen?«

»Kein Wort. Ich weiß nicht, wovon Sie sprechen.«

»Ich will eine richtige Frau, keinen schlaffen Spüllappen. Ich will die Scheidung einreichen, ohne mir dadurch Wensley zum Feind zu machen. Louises Verhältnis mit Ihnen –«

»Sie hat kein Verhältnis mit mir!«

»In Ordnung. Ein früheres Verhältnis. Als Student.« Er drückte seine Zigarette im Aschenbecher aus und faßte den Maler ins Auge. »Studenten bekommen oft etwas über ihre Lehrer.«

Florios Mund war verzogen. »Ich muß arbeiten. Kommen Sie zur Sache, Haydrick.«

Haydrick schenkte ihm ein verzerrtes Lächeln. »Es ist kein anständiger Plan. Aber ich bin auch kein anständiger Mensch. Vielleicht haben Sie das schon bemerkt. Ich bin ziemlich skrupellos und glaube, Sie können es auch sein. Jeder kann es. Eine kleine Versuchung ist alles, was dazu nötig ist.«

Er zog eine dicke, glänzende Brieftasche heraus. »Fünfhundert jetzt, und zweitausendfünfhundert Dollar dazu, wenn der Job erledigt ist. Plus –« er langte in die Brieftasche »– dreihundert Dollar Spesen.« Er entnahm acht neue Hundertdollarscheine und fächerte sie in der Hand auseinander. Florio fixierte das Geld mit weit aufgerissenen Augen; tiefe Furchen zeigten sich entlang seines verzerrten Mundes.

»Dreitausend Dollar. Genug für eine Reise nach New York; außerdem noch ein zusätzlicher Geldbetrag, bis sie mit einer Galerie Verbindung aufnehmen können. Und was müssen Sie dafür tun? Nur ein bißchen die Tatsachen verfälschen.«

»Ich werde Ihr Geld nicht anrühren, bis ich höre –«

»Aber Sie wollen's hören, nicht wahr?«

Florios Augen wanderten von dem Geld hin zu Haydricks Augen. Er flüsterte: »Was sind Sie nur für ein Teufel?«

Haydrick lächelte breit. »Wir alle haben einen Teufel in uns. Und das«, er wedelte mit den Scheinen »lockt ihn heraus.«

In der Nähe stand ein Tisch mit Papier, Pinseln und Federn. Haydrick streckte die Hand aus und legte das Geld darauf.

»Wie schon gesagt bin ich Vertreter. Wenigstens einmal in der Woche bin ich über Nacht außerhalb der Stadt. Meine Frau ist allein. Ich wohne unten auf der Halbinsel, Tosca Heights – Haben Sie ein Auto?«

»Nein.«

»Sie werden keins brauchen. Die Busfahrt von der Endhaltestelle an der Siebenten und Mission zur Euclid Avenue auf dem El Camino dauert achtundfünfzig Minuten. Das ist die Haltestelle für die Tosca Heights. Wenn Sie den 2.07-Uhr-Nachtbus nehmen, sind Sie genau um 3.05 Uhr an der Euclid Avenue.«

Der Maler saß noch immer mit großen Augen da. Haydrick zündete sich eine neue Zigarette an.

»Sie gehen die Euclid zwei Straßen in westlicher Richtung hinauf. Dann nach Norden zur Collinwood Drive. An dieser Ecke befindet sich eine Tankstelle und eine Telefonzelle. Die Tankstelle ist nachts geschlossen – niemand wird Sie sehen. Hier rufen Sie die Taxigesellschaft von Tosca Heights an und bestellen einen Wagen – in zehn Minuten – nach Collinwood 1162.«

Haydrick zog an seiner Zigarette und fuhr fort: »Sie gehen westlich zwei Straßen weiter zur Collinwood 1162. Das ist mein Haus. Aber vorher werden Sie schon eine Lücke in der Hecke entdecken. Durch die schlüpfen Sie. Wenn Sie sich bücken, kann man Sie von der Straße aus nicht zur Vordertür gehen sehen.

Sie warten in der Nähe der Eingangstür. Das Taxi fährt vor. Sie gehen die Auffahrt entlang hinaus und sagen dem Fahrer, er soll Sie nach San Francisco zu Ihrer hiesigen Adresse bringen.

So machen Sie's einmal pro Woche für die Dauer des nächsten Monats oder so. Das ist alles, was ich für die dreitausend Dollar von Ihnen verlange.«

Haydrick lehnte sich zurück und beobachtete den Maler. Nach einer Weile sagte Florio: »Jetzt verstehe ich.«

»Das hab ich mir gedacht.«

»Es soll aussehen, als hätte ich mich mit Ihrer Frau eingelassen, während Sie nicht in der Stadt sind.«

»Genau. Über der Straße wohnt eine alte Witwe, deren Schlafzimmer auf die Straße hinausgeht. Sie leidet an Schlaflosigkeit und wird hinausspitzen, wenn sie ein Taxi hört. Sie wird Sie sehen, wenn Sie unter der Laterne vor dem Haus vorbeigehen, und sich ihren Teil denken. Ebenso der Taxifahrer.«

»Es ist schmutzig, entwürdigend –«

»Sicher ist's das. Darum zahl ich ja so viel Geld. Das läßt den Teufel im Innern wach werden, nicht wahr?«

Der Maler schwieg. Haydrick meinte: »Sie steht mir im Weg. Ich leb nur einmal. Ich werd mein Leben nach meinen Vorstellungen verbringen.« Er trat zu dem Geld auf dem Tisch. »Wollen Sie es oder nicht?«

»So hänge ich Ihre Frau rein, und Sie haben Zeugen. Was dann?«

»Ich find eine mit Anton unterzeichnete Liebesbotschaft in ihrer Schublade. Ich frag die Frau gegenüber, ob sie was weiß. Sie teilt mir ihre Beobachtungen mit. Ich geh zur Taxigesellschaft. Dort steht der Beweis im Fahrtenbuch, auf das ich mit etwas Bestechung einen Blick werfen kann. Jetzt weiß ich Bescheid. Ich geh zu ihrem Onkel, sprech von Mann zu Mann mit ihm. Ich sage ihm, meine Erniedrigung sei zu groß, mein Glaube an Louise tot, Scheidung die einzige Antwort. Er wird's mir abkaufen.«

Haydrick drückte seine Zigarette aus. »Natürlich wird Ihr Name auftauchen – etwas Wahres muß dran sein. Aber zu dieser Zeit sind Sie schon auf dem Weg nach New York.«

Florio erhob sich und ging auf den Tisch zu. Seine Hand griff nach dem Geld. Er steckte es in die Tasche.

Haydrick stand auf. »Ich hab mir Ihre Telefonnummer rausgesucht. Ich werd Sie anrufen, wenn ich außerhalb der Stadt zu tun habe. In diesen Nächten müssen Sie darauf vorbereitet sein, nach Tosca Heights hinauszufahren. Haben Sie alles mitgekriegt?«

»Collinwood 1162, Euclid Avenue, zwei Straßen westlich, eine nach Norden, 2.07 Uhr nachts.«

»Gut. Jetzt schreiben Sie für mich die Botschaft.« Er nahm einen Briefblock und einen Kugelschreiber vom Tisch und hielt dem Maler beides hin.

Florio fragte: »Was für eine Botschaft?«

»Was ich Ihnen gesagt habe. Ich werd in ihrer Spiegelkommode eine Nachricht von Ihnen finden.«

»Das gefällt mir nicht.«

»Niemand wird sie sehen. Nur Louises Onkel. Kommen Sie, nehmen Sie. Schreiben Sie: ›Für meine Geliebte, die ich immer verehren werde.‹ Unterschreiben Sie mit Anton.«

Florio machte eine Grimasse. Aber er setzte sich, den Block auf den Knien, schrieb schnell, riß das Blatt ab und reichte es Haydrick hinüber.

Dieser las, nickte, faltete das Blatt zusammen und verstaute es in seiner Brieftasche. Er ging zur Tür.

Florio bat: »Warten Sie einen Augenblick. Diese Taxifahrten. Ist das kein Fehler?«

»Warum?«

»Was kosten sie?«

»Ungefähr vierzig Dollar. Sie haben genug Spesengeld bekommen, um sie zu bezahlen.«

»Das meine ich nicht. Ich denke an den Onkel. Wird er es nicht sonderbar finden, daß ein armer Maler mit dem Taxi in die Stadt fährt?«

»Es gibt um diese Zeit keine andere Transportmöglichkeit nach San Francisco. Er wird glauben, Louise hätte Ihnen das Fahrgeld zugesteckt.«

Haydrick begann die Treppen hinunterzusteigen. Der Maler stand in der offenen Tür. Haydrick drehte sich um. »Ich glaub, man hat mich nächsten Dienstag für Bakersfield eingeteilt. Ich werd Sie am Montag anrufen und Ihnen Bescheid sagen.«

»Und in einem Monat ist alles vorbei?«

»Mehr oder weniger.« Vom unteren Treppenende schaute Haydrick zu Florio hinauf. »In einem Monat wird mehr oder weniger alles vorbei sein.«

Haydrick hielt die Verabredung mit seinem Zahnarzt am Samstag ein; die Krone wurde wieder an ihren Platz zementiert. Danach gingen sie draußen bei Burlingame Scheibenschießen. Haydrick erzielte fünfundfünfzig und zweiundsechzig von hundert möglichen Punkten – was ihn nicht überraschte. Er hatte wochenlang nicht geschossen. Scheibenschießen mit einer 22er Pistole ist eine Geschicklichkeit, die geübt werden will.

Bei ihren Drinks in einer Bar in Burlingame sagte er zu dem Zahnarzt: »Wir sollten das wieder öfter tun. Aber es ist schwierig, die Zeit dafür zu erübrigen.«

»Arbeite nicht zu viel, Dick. Du bist zu jung, um als reicher Mann auf dem Friedhof zu enden.«

Haydrick klopfte sich auf die breite Brust und lächelte. »Dafür besteht keine Gefahr.«

»Dann iß weniger.«

»Hmm?«

»Du setzt Fett an, und ich habe bemerkt, daß du etwas kurzatmig bist. Trink weniger, iß weniger. Deine Gesichtsfarbe gefällt mir gar nicht.« Er guckte auf Haydricks rosige Wangen. »Gibt es irgendwelche Fälle von Herzversagen in deiner Familie?«

»Nein. Bin gesund wie ein Pferd.«

»Ich glaube, du solltest dich mal von deinem Arzt untersuchen lassen.«

»Wechseln wir das Thema, Jim. Du machst mich krank.«

In Wirklichkeit hatte er sich niemals besser gefühlt. Die Erregung darüber, was endlich geplant war und ausgeführt werden sollte, erfüllte ihn. Wochenlang hatte er von diesem Plan geträumt. Wann war ihm eigentlich bewußt geworden, daß er ihn in die Tat umzusetzen begann? Er konnte nicht genau sagen, wann der Traum Gestalt angenommen hatte, wann er sich zur durchführbaren Antwort auf seinen Wunsch, von Louise frei zu sein, kristallisiert hatte. Es war von Florio abhängig gewesen. Und Florio war ideal. Ein vollkommenes Werkzeug, durch Armut genau zu dem geformt, was Haydrick brauchte: einen für die Korruption reifen Mann.

Korruption. Haydrick kannte sich damit aus, wußte, daß sie total war. Er selbst war auch bestechlich, das war ihm klar; er hob die Schultern und lächelte über diese Tatsache. Ein Mann besaß entweder Moral oder bekam das, was er wollte – beides konnte er nicht haben. Florio glaubte zeitweilig korrupt zu sein und dieses Laster dann überwinden zu können – aber darin irrte er.

Am Montag rief Haydrick den Maler an und bestätigte die Bakersfield-Reise. Nach seiner Rückkehr am Mittwoch telefonierte er vom Flughafen aus mit ihm. Florio meldete, daß alles glatt gegangen sei und er beim Einsteigen in das Taxi über der Straße eine Bewegung der Vorhänge wahrgenommen hätte.

In der folgenden Woche erfolgte die gleiche Mitteilung: keine Schwierigkeiten.

Haydrick meinte: »Ein leichter Job, den Sie da haben.«

Florio erwiderte grimmig: »Ich bin froh, wenn alles vorbei ist.«

»Nur noch ein paar Wochen«, tröstete Haydrick.

Zu Hause betrachtete er Louises Gemälde an den Wohnzimmerwänden. Langweilige Dinger, dachte er. Genau wie sie selbst.

Aber an ihrer Lebensversicherung war nichts Langweiliges. Sollte einer von beiden sterben, würde der andere 200 000 Dollar erhalten. Das brauchte Florio jedoch nicht zu wissen.

Er drehte sich um. Louise war aus der Küche gekommen. Sie beobachtete ihn aufmerksam.

»Du bist wieder zurück. War die Reise anstrengend?«

»Nein. Warum?«

»Du siehst so sonderbar aus. In letzter Zeit ist dein Gesicht oft –« Ihre Stimme verhallte.

»Oft was?«

»Aufgeschwemmt. Freudlos.«

»Ich fühl mich aber gut.«

»Du hast zugenommen. Du ißt und trinkst zuviel.«

»Ich hab einige Probleme.«

»Ich wünschte, du würdest sie mit mir teilen. Du teilst überhaupt nichts mehr mit mir.«

»Sie werden sich bald in Wohlgefallen auflösen.«

Sie wandte sich ab. Er schaute auf ihr farbloses Haar und lächelte.

Eine weitere Reise, dann noch eine. Dann kam die Fahrt, auf die er gewartet hatte – die Fahrt nach Sacramento.

Er sagte zu Florio am Telefon: »Donnerstag. Es ist das letztemal, daß Sie mit dem Bus nach Tosca Heights fahren müssen.«

»Das ist das Ende?«

»Ja. Am Freitag komm ich in Ihre Wohnung und bezahl Sie.«

»Das sind gute Nachrichten. Ich bin es leid.«

»Um 22.09 Uhr fährt ein Bus von der Endhaltestelle ab. Nehmen Sie den.«

»Nicht mehr den um 2.07 Uhr? Warum?«

»Ich hab meine Gründe. Und desto früher sind Sie fertig.«

»In Ordnung, den um 22.09 Uhr. Und am Freitagabend bezahlen Sie?«

»Das hab ich doch gesagt.«

»Dann kann ich meine Abreise nach New York vorbereiten.«
»Alles, was Sie wollen.« Haydrick hängte ein.

Louise begleitete ihn am Donnerstag morgen zum Wagen. Sie sagte: »Was immer du auch im Sinn hast, was immer dich so verändert hat, ich will es wissen.«

»In Ordnung.« Haydrick stieg ein. »Wenn ich zurückkomme, wirst du's erfahren.«

Er verbrachte den Tag mit konzentrierter Arbeit. Dann war es Zeit zum Aufbruch.

Die Empfangsdame fragte: »Werden Sie wieder im Treasure Cove-Motel in Sacramento wohnen?«

Er antwortete: »Letztesmal hat es mir dort nicht besonders gut gefallen. Sie gaben mir ein stickiges Zimmer – Ich werd irgendwo absteigen und Sie am Morgen gleich anrufen.«

»Gute Reise.«

Er fuhr nach Sacramento – bei der Gesellschaft war es üblich, zu zentral gelegenen kalifornischen Städten mit dem Auto zu fahren statt ein Flugzeug zu nehmen – und schrieb sich bei einem Motel namens Ranchland ein. Es war 19.00 Uhr vorbei.

Er fuhr zu einer Bar in der Innenstadt. Sie war überfüllt, wie er es von früheren Besuchen her erwartet hatte. Unten in der Straße kündigte ein Kinoplakat *Slap Shot* mit Paul Newman an. Er wußte, daß es gespielt wurde, da er in der Bibliothek vorher schon die Zeitung von Sacramento durchgesehen und sich den Beginn der letzten Vorstellung notiert hatte – 21.20 Uhr. Am Dienstag nachmittag ließ er einige Geschäftsbesuche ausfallen und ging in das Kino von San Francisco, in dem der Film lief. Das sollte der Hauptpunkt seines Alibis werden – obwohl er keins brauchen würde bei dem Fall, den er ihnen lieferte. Aber jedes Detail sorgfältig auszuarbeiten machte die ganze Sache erst aufregend.

Für kurze Zeit stellte er sich abseits der überfüllten, lärmreichen Theke auf. Es gab zwei Barkeeper, die beide sehr viel zu tun hatten. Keiner von ihnen schaute auf die Gesichter – sie mixten die Drinks und kassierten das Geld. Der eine war ein kleiner, dunkelhaariger Jüngling, der andere ein rotgesichtiger, älterer Mann mit Glatzenansatz. Haydrick prägte sich die Gesichter ein, dann drehte er sich um und verließ das Lokal. Es war beinahe 20.00 Uhr, als er wieder in seinen Wagen stieg.

Eineinhalb Stunden später war er über der Bay Bridge und glitt auf der Bayshore-Autobahn hinüber in die Innenstadt von San Francisco. Etwa vierzig Minuten später bog er von der Autobahn ab auf die Straße mit dem Hinweisschild TOSCA HEIGHTS – 2 MEILEN.

Die Tankstelle an der Ecke Collinwood – Lester war dunkel.

Einige Autos waren dort geparkt – es standen immer ein paar hier, die wegen Reparatur über Nacht abgestellt wurden. Er fuhr dorthin und stellte den Motor ab. Schnell legte er die beiden Straßen zu seinem Haus zu Fuß zurück und schlüpfte durch die Heckenlücke. Er robbte bis zum Eingangsportal und öffnete die Tür mit seinem Hausschlüssel. Hinter der Schlafzimmertür konnte er klassische Musik vernehmen.

Er ging zum Schreibtisch im Wohnzimmer, zog die untere Schublade auf und nahm seine Scheibenschießpistole heraus. Er hatte sie bereits vor Wochen geladen. Er ließ die Schublade offen, ging zur Schlafzimmertür und machte sie auf.

Louise lag in ihrem blauen Nachthemd im Bett und las. Sie riß vor Staunen den Mund auf. »Du bist zu Hause!«

»Planänderung.« Die rechte Hand versteckte er hinter sich. Er ging zum Plattenspieler und drehte mit der Linken die Lautstärke auf volle Touren.

Sie starrte ihn an. »Dein Gesicht. Deine Augen. Was – was ist los?«

»Nichts.«

»Du schaust aus –«

»Wie der Tod?« Er hob den rechten Arm, und gerade als sie zu schreien beginnen wollte, schoß er sie in die Schläfe.

Sie lag da wie zerschmettert, als hätte man sie von einem Gipfel herabfallen lassen. Ihre leeren Augen starrten ihn an. Blut zeigte sich in ihrem blassen Haar, ein schimmerndes Blutmal. Er betrachtete sie lange und fühlte sich ruhig, sicher, fühlte sich als Meister seines Schicksals.

Er steckte den Revolver ein. Aus seiner Brieftasche nahm er die Notiz, die Florio geschrieben hatte, und legte sie auseinandergefaltet auf die Kommode. Er wischte Vorder- und Rückseite sorgfältig mit dem Taschentuch ab, drückte sie – noch immer mit dem Taschentuch – in Louises Hände und preßte ihre toten Finger dagegen. Darauf öffnete er die Kommodenschublade und verstaute die Nachricht unter der Wäsche.

Er stellte den Plattenspieler ab, ging zur Haustür, öffnete sie leise und blieb lauschend stehen. Draußen war nichts zu hören.

Er zog die Tür hinter sich zu, kroch zur Heckenlücke und gelangte hinter ihr ins Freie. Die Straße war leer.

Rasch eilte er davon. An der Tankstelle schlüpfte er in seinen Wagen und fuhr zurück zur Autobahn, zurück nach San Francisco.

Er ließ sich Zeit. Es war 23.40 Uhr, als er in der Pepper Street anhielt, schräg gegenüber von Florios Wohnung. Florio würde jetzt im Taxi sitzen und in die Stadt zurückfahren.

Haydrick wartete. Es wurde 23.50 Uhr. Dann Mitternacht. 00.05 Uhr.

Ein cremefarbenes Taxi steuerte die Pepper Street herauf und hielt vor 519. Haydrick beobachtete, wie Florio aus dem Taxi stieg, die Treppen hinaufging, die Mitteltür öffnete und sie hinter sich schloß. Das Taxi war abgefahren und um die Ecke verschwunden. Haydrick stieg aus seinem Wagen und ging die Straße hinunter.

Er überquerte sie, kletterte die Stufen empor und drückte auf die Glocke der mittleren Tür. Die Tür knarrte und sprang auf.

Von oben spähte der Maler herunter. »Ich habe Sie erst morgen erwartet.«

»Eine Planänderung. Ich kann Ihnen heute schon Ihr Geld geben.«

Er stieg die ausgetretenen Stufen hoch. »Wie ist's gelaufen?«

»Wie immer. Ich bin froh, daß alles vorbei ist.«

Florio hatte die Jacke ausgezogen. Seine Augen strahlten, während er darauf wartete, daß Haydrick das Geld zum Vorschein brachte.

Haydrick zog die Brieftasche heraus. »Zweitausendfünfhundert«, sagte er, wobei er Florio ein Bündel Scheine aushändigte. »Sie wären verrückt, wenn Sie es nicht nachzählen würden.«

Der Maler nahm das Geld und begann es durchzublättern. Schnell ließ Haydrick die Pistole aus der Tasche gleiten, drückte sie dem Maler gegen die Schläfe und schoß.

Florio fiel nach vorn auf den Tisch, Blut strömte aus der Schußwunde.

Haydrick brachte das Geld in Sicherheit, steckte es wieder in die Brieftasche, nahm sein Taschentuch, wischte die Pistole ab und preßte sie in Florios schlaffe Rechte.

Er hob den Telefonhörer ab, zog seinen Kugelschreiber aus der Tasche, wählte mit dessen Ende und sagte mit dem Taschentuch vorm Mund: »Vermittlung? Geben Sie mir das Polizeirevier von Tosca Heights. Schnell.«

»Sir, das ist ein Ferngespräch. Für Ferngespräche –«

»Vermittlung, machen Sie das selbst, ich habe keine Zeit. Machen Sie sich eine Notiz. In Collinwood Drive 1162 liegt eine tote Frau, Tosca Heights. Mein Name ist Florio. Ich wohne in der Pepper Street 519. Ich habe sie getötet. Jetzt bringe ich mich selbst um.«

»Sir! Warten Sie einen Moment!«

Haydrick hängte ein.

Er stieg die Treppe hinunter, wartete kurz an der Haustür, trat dann schnell hinaus, ging zu seinem Wagen und fuhr ihn aus der Parklücke. Fünf Minuten später befand er sich auf der Autobahn in Richtung Bay Bridge.

Seine Uhr zeigte 2.12 Uhr, als er am Ranchland-Motel vorfuhr. Für einen Mann eine vernünftige Heimkehrzeit nach einer in Sacramento verbrachten Nacht – in der er einen Film besucht und in einer Bar bis Ladenschluß getrunken hatte.

Haydrick erwachte um 8.30 Uhr. Sonnenlicht flutete durchs Fenster. Ein typischer, sonnendurchtränkter Tag in Sacramento.

Er zog seinen blauen Anzug an und packte den braunen sowie den Hut in die Reisetasche. Er ging zur Motelrezeption, bei der Münztelefone waren, gab der Vermittlung die Nummer seines Büros an und warf wieder Münzen ein. Kurz darauf sagte er: »Jane? Hier spricht Mr. Haydrick. Ich bin im Ranchland-Motel –«

»Oh, Mr. Haydrick!«

»Was ist, Jane? Was ist los?«

»Rufen Sie sofort zu Hause an. Mr. Wensley ist dort.«

»Bei mir zu Hause? Was macht er da?«

Ihre Stimme würgte: »Er wird es Ihnen sagen. Oh, es tut mir schrecklich leid, Mr. Haydrick!«

Er bekam Verbindung mit seiner Wohnung. Wensleys Stimme klang dünn vor Angst: »Louise ist tot, Dick.«

»Tot!«

»Irgend so ein schmächtiger San Franciscoer Gigolo –«

Seine Stimme verhallte. Eine forsche Stimme ertönte: »Mr. Haydrick? Hier spricht Kommissar Doneto, Tosca Heights Polizei. Ihre Frau ist ermordet worden, Sir.«

Haydrick schwieg. Dann sagte er mit einer Stimme wie Wensley: »Nein!«

»Ich fürchte doch. Ein Mann namens Anton Florio – Ist Ihnen der Name bekannt?«

»Florio? Ja, er gibt Unterricht im Malen. Louise hat vor ein paar Monaten bei ihm Stunden genommen – Wollen Sie damit sagen, daß Florio Louise getötet hat?«

»Es sieht so aus.«

»Haben Sie ihn gefaßt?«

»Er hat Selbstmord begangen.«

Wensleys Stimme ertönte: »Er benützte deine Scheibenschießpistole, um sie zu töten.«

»Meine Scheibenschießpistole?«

»Ja. Er nahm sie aus der Schublade und erschoß Louise. Sie haben einen Zettel, ein paar Zeugen. Sie behaupten, Louise und dieser Gigolo hätten ein Verhältnis gehabt. Sie irren. Nicht Louise. Nicht unsere Louise.«

»Ich komm so schnell ich kann.«

Er fuhr die knapp zweihundert Kilometer wie der Teufel auf Rädern.

Wensleys Mercedes und ein blauweißes Polizeiauto parkten vor dem Haus. Einige Hausfrauen standen auf den Rasenflächen und starrten ihn an, als er den Wagen in die Auffahrt lenkte und mit quietschenden Reifen bremste.

Er rannte hinein.

Wensley saß mit einem Drink in der Hand auf einem Stuhl. Er stand auf. Sein Gesicht war rot, die Augen blutunterlaufen, das graue Haar feucht und wirr. Er schaute um zehn Jahre älter aus als noch am Tag zuvor.

»Sie haben sie fortgeschafft, Dick.« Seine Stimme war nur ein gebrochenes Flüstern.

Ein großer Mann im grauen Anzug hatte sich gleichfalls erhoben. »Ich bin Kommissar Doneto. Bitte nehmen Sie mein Beileid entgegen und versuchen Sie zu verstehen, daß ich Ihnen gewisse

Fragen stellen muß –«

»Zuerst möchte ich wissen, warum diese schreckliche Sache passiert ist«, sagte Haydrick.

Doneto begann zu sprechen, ruhig und exakt. Als er geendet hatte, trank Wensley hastig den Drink und flüsterte: »Er sagt es mir immer wieder, und alles paßt zusammen – außer daß es nicht wahr ist. Louise würde sich mit diesem Mann nicht eingelassen haben. Nicht Louise.«

»Es ist verrückt«, meinte Haydrick. »Verrückt.«

Doneto erklärte: »Im Schlafzimmer haben wir eine Nachricht von ihm gefunden – und wir haben Zeugen: eine Nachbarin, die ihn häufig in den Nächten beobachtete, in denen Sie nicht da waren; eine andere, die ihn einige Male sah – und ein Dutzend Taxifahrer, die heute morgen nach San Francisco beordert wurden und ihn als den Mann identifizierten, den sie hier an zahlreichen Tagen in den frühen Morgenstunden auflasen. Ich fürchte, es besteht da kein Zweifel darüber, Mr. Haydrick.«

Haydrick ging zum Tisch, auf dem die Schnapsflasche stand, und goß sich einen Schluck ein. »Wie ist es geschehen?«

Doneto antwortete: »Offensichtlich hatten sie Streit – möglicherweise teilte Ihre Frau ihm mit, daß sie Schluß machen wolle – und er nahm Ihre Scheibenschießpistole und erschoß sie.«

»Wie konnte er wissen, wo ich die Pistole aufbewahre?«

»Sie muß es mal erwähnt haben. Er rief ein Taxi – viel früher als gewöhnlich – und fuhr zu seiner Wohnung in San Francisco. Von dort aus rief er die Telefonvermittlung an, berichtete über den hier erfolgten Mord und erschoß sich dann selbst. Sie ahnten nichts von dem Verhältnis?«

»Nein. Ich hab den Mann niemals getroffen.«

»Sie haben ihn nie getroffen?«

»Nein, niemals.«

Doneto schwieg einige Minuten lang. Er fixierte Haydrick. In seinen braunen Augen lag Erstaunen.

Haydrick fragte: »Was ist los?«

»Sie haben ihn nie getroffen?«

»Nein. Warum überrascht Sie das so?«

»Ich war heute morgen zusammen mit Polizeibeamten von San Francisco in seiner Wohnung. Wir schauten seine Papiere durch und fanden eine Skizze von Ihnen. Eine Karikatur, aber erkennbar, mit einem breiten, lächelnden Mund. Sie trug das Datum. 5. Mai 1977. Und darunter stand: Haydrick der Verführer.«

Haydrick fühlte das Blut in seinen Schläfen toben. Seine Augen wichen denen des Kommissars aus und schweiften durchs Zimmer. Es war zu spät, seine Bemerkung zurückzunehmen. Aber er winkte mit der Hand ab. »Wie Sie sehen können, gibt's hier etliche Bilder von mir. Einige bei Louise, andere stehen im Schlafzimmer. Er muß die Skizze nach einem Foto aus dem Gedächtnis gemalt haben. Obwohl ich mir nicht vorstellen kann, warum. Haydrick der Verführer?« Er schüttelte den Kopf. »Ich weiß nicht, warum er mich so titulierte. Vielleicht hat er über mich nachgegrübelt, war davon überzeugt, daß ich für Louise schädlich bin.«

»Die Skizze ist kurios«, sagte Doneto. »Besonders der Mund. Auf der linken Seite zeigt die Zeichnung einen spitzen Zahn – gleich einem Fangzahn.«

Das Pochen in Haydricks Kopf wurde lauter. Er wandte sich ab, um sein Glas auf den Tisch zu stellen. Es war eine normale Geste. Er hoffte es wenigstens.

Haydrick drehte sich wieder um. »Einen Fangzahn? Nun, wenn er mich haßte, wollte er mich vielleicht wie einen Teufel erscheinen lassen –«

»Ja, aber dann – könnte man meinen – hätte er alle Zähne spitz gemalt, oder auf jeder Seite einen Fangzahn, verstehen Sie. Warum nur einen? Und warum ausgerechnet auf dieser Seite?«

»Worin liegt der Unterschied? Was tut das alles zur Sache?«

»Es ist kurios«, meinte Doneto.

Sie blickten sich an.

Wensley sagte: »Einen Augenblick. Deine Krone, Dick.«

»Krone?« fragte Doneto.

»Ja. Für einen Zahn. Während wir Kaffee tranken. Erinnerst du dich, Dick? Sie fiel dir in die Tasse. Du hattest in der oberen linken Ecke einen spitzen Stumpen im Mund.«

Doneto sagte leise: »Einen spitzen Stumpen in der oberen linken Ecke. Genau so hat es Florio gezeichnet.«

Das Blut pochte in Haydricks Kopf, und er fühlte die Beklemmung in der Brust, während ihn die starren Augen des Kriminalisten weiterhin fixierten.

»Wann ist die Krone herausgefallen?« fragte Doneto.

»Ich weiß es nicht mehr.«

»Es war ein Freitag«, antwortete Wensley. »Ein Freitag Anfang Mai. Ich erinnere mich daran, denn bei unserer allwöchentlichen Montagskonferenz war dein Zahn wieder in Ordnung.«

»Ein Freitag Anfang Mai«, wiederholte Doneto. »Wie lautet der Name Ihres Zahnarztes, Mr. Haydrick?«

»Warum? Warum wollen Sie den wissen?«

»Ich will ermitteln, wann er Ihren Zahn richtete. Wenn die Krone an dem Tag herausgefallen ist, an dem Florio die Zeichnung gemacht hat, würde es so aussehen, als hätte er Sie an diesem Tag getroffen. Verhält es sich so, tauchen Fragen auf. Worüber haben Sie gesprochen? Warum sollte er von Ihnen als dem Verführer denken. Und warum erzählten Sie mir, ihn nie gesehen zu haben?«

Jetzt war das Pochen in seiner Brust schwer, rhythmisch. Sein Gesicht glühte. Wensley fragte: »Bist du krank?«

»Ich bin in Ordnung.« Seine Stimme klang undeutlich, fremd. Verdammter Doneto, verdammter Florio mit seiner Skizze. Er starrte auf Doneto. Das Gesicht des Kommissars schien ihm verzerrt, verschwommen.

»Wollen Sie mich etwa verdächtigen?«

»Ich versuche nur ausfindig zu machen, wann der Zahn herausfiel. Sie sollten sich setzen. Sie sehen gar nicht gut aus.«

»Mir geht es aber gut.« Aber plötzlich mußte er sich doch setzen. Er fiel auf die Couch. Keuchend rang er nach Luft, und es kam ihm vor, als wäre eine dicke, modrige Decke zwischen ihn und Doneto geraten. Doneto mit den harten, anklagenden Augen. Er mußte zu ihm durchdringen, ihn überzeugen. Es war nicht fair. Sein ganzer schöner Plan.

»Das Ranchland-Motel – Sie können das überprüfen. Und das Odeon-Kino, der Paul Newman-Film – stellen Sie mir Fragen darüber. Ich kann Ihnen die Handlung erzählen, die Rollenbesetzung, alles.«

Doneto wandte sich an Wensley. »Was ist los mit ihm?«

»Ich weiß nicht. So habe ich ihn noch nie gesehen. Können Sie schnell einen Arzt rufen?« Doneto nickte und ging zum Telefon.

Wensley sagte: »Leg dich hin, Dick.«

»Ich muß sprechen. Siehst du nicht, daß er mich reinlegen will?

Da gibt's eine Bar namens ›Karnevalstube‹. Bin nach dem Film hingegangen. Ich kann die Barkeeper beschreiben. Und der Zettel, derjenige, den sie in der Kommode gefunden haben.«

»In der Kommode?« fragte Doneto vom Telefon her.

»Ja. Ihre Fingerabdrücke waren drauf, nicht meine. Sie haben keine Beweise, keine Beweise! Ein herausgefallener Zahn! Wer würde aus einem herausgefallenen Zahn ein Indiz machen?«

Dick lag die Decke über ihm. Sie roch schlecht, faulig. Seine Brust stand in Flammen. Er versuchte die Decke vom Kopf zu lösen. Er merkte, daß er von der Couch herunterglitt. Er fühlte, wie er fiel. »Helft mir!« versuchte er zu schreien, aber die Decke erstickte seine Stimme; er lag auf dem Fußboden, Flammen schossen durch seine Brust. Plötzlich tauchte Florios Gesicht vor ihm auf.

Sie hörten ihn flüstern: »Du Teufel! Du hast mich fertiggemacht!«

Doneto hängte den Hörer ein, kam herüber, kniete sich neben Haydrick und legte ihm die Hand auf die Brust. Wensley stand über Haydrick gebeugt und starrte hinunter auf die gebrochenen Augen.

Originaltitel: THE DEVIL INSIDE. 11/77

Mary Braund

Die Frau im gelben Kleid

Soweit sich jemand erinnern konnte, begann es mit einer sehr alltäglichen Aufgabe. Das war das erstemal, daß sich irgendeiner von ihnen daran zu erinnern vermochte, die Frau im gelben Kleid gesehen zu haben.

Guy Roberts, der Nachrichtendirektor, vermutete hinterher, daß er die ganze Sache ins Rollen gebracht hatte, obgleich er nicht verstand, warum.

Er hatte das Kamerateam aus keinem besonderen Anlaß hinuntergeschickt, um die Fähren zu filmen. Die Nachrichten waren an jenem Tag zu kurz; die Sonne schien, die Berge von Olympia schauten wie Sägezähne über dem Pugetsund hervor; das Wasser war glatt, seidig und verlockend; der letzte Schnee auf den Bergen hob sich strahlend gegen das Vergißmeinnicht-Blau des Nordwesthimmels ab. Es war der erste Sommertag gewesen – das war alles.

»Bewegt eure Hinterteile«, hatte ihnen Guy befohlen. »Ihr steht herum und atmet wertvolle Luft. Geht hinaus und filmt den ersten Sommertag für die gläubigen Massen.«

Es sei ihm egal, was es wäre, teilte er ihnen mit – die Fähren würden es ebenso tun wie etwas anderes. So gingen Bill Heavley, der Kameramann, und Sandie Sanson, die Nachrichtenreporterin, hinunter zum städtischen Hafengebiet. Sie drehten ungefähr fünfunddreißig Meter Film ab, die als Füller für die Sechs-Uhr-Nachrichten auf zwei Minuten zusammengeschnitten werden konnten. Die weiß-grünen Staatsfähren waren ein beliebtes Objekt für Kameramänner – hübsch anzusehen, zudem ein Symbol für Washington und den Sommer; die Schiffsschrauben wirbelten das dunkle Wasser des Hafenbeckens zu einem schäumenden, minzegrünen Milchshake aus vielversprechendem Sommerspaß.

Die Rampe fiel, und die Fähre spuckte Passagiere aus, die aus der Schiffshöhle auf die Autos zueilten; Bill richtete seine Kamera auf das Wasser, die Berge, die Passagiere und das topfbäuchige Schiff. Er war gelangweilt. Er mußte das Gleiche schon hundertmal vorher gemacht haben. Sandie sprach einen untermalenden Kommentar, pries das Wetter, die Berge, das Wasser und die Boote. Sie versuchte, etwas Schwung in die Reportage zu bringen, aber das war schwierig. Sie langweilte sich gleichfalls. Dies war nicht das weltbewegende Ereignis, wie sie es sich zu kommentieren vorgestellt hatte, als sie zum Fernsehen ging.

Bills Auge – obgleich gelangweilt – war automatisch gut. Seine Kamera pickte Gesichter von Menschen heraus, Farbe und Bilder. Die an Bord stehenden Passagiere, vielleicht ein Dutzend, waren nichts Besonderes: ein junger Wikinger, den ein riesiger Rucksack überragte; ein Mädchen, das einen Kinderwagen schob; ein alter Mann mit einer braunen Papiertüte unterm Arm; und die Frau im gelben Kleid. Es war nichts Außergewöhnliches an ihr, nur der Farbkontrast von Osterglockengelb gegen den blauen Himmel, die grün-weißen Boote und die schwarzen, mit Entenmuscheln überkrusteten Stützpfähle des Docks für die Fähren. Es war fotogen.

Nachdem sie zur Fernsehstation zurückgeschlendert waren, ließ Bill den Film durch den Entwickler laufen und schnitt ihn auf zwei Minuten zusammen. Der Vorführraum war sogar noch dunkler als der Rest des Gebäudes, und der gelbe Fleck des Frauenkleids wirkte in der Dunkelheit wie ein Sonnenstrahl.

Sie brachten die Bilder in den Sechs-Uhr-Nachrichten und dann um elf Uhr nachts noch einmal. Die Neuigkeiten des Tages waren langweilig, und Phil Bentley, der Nachrichtensprecher, beschwerte sich, daß Bill den Film zu sehr beschnitten habe.

»Weitere dreißig Sekunden Film«, meinte er, »und ich hätte nicht so lang mit Sandie quasseln müssen.« Sandie fand bei Phil keinen besonderen Anklang.

Zwei Tage später, am Samstag, war ein spektakulärer Brand am Fuße des Grayson. Das Feuer hatte die ganze Nacht hindurch geschwelt und war um ungefähr neun Uhr morgens in eine hochaufschießende Flammensäule ausgebrochen, die sich gegen die Wolkenkratzer der Innenstadt abhob. Die Polizei, die Feuerwehr, die Fernsehreporter und die Zuschauer eilten herbei und glotzten dumm auf das Feuerwerk. Kanal 3 sandte seine Wochenendmannschaft, um die Feuersbrunst zu filmen. Es war guter, bildwirksamer Stoff.

Die Kamera bediente an diesem Tag Jill Spenser. Jill war die

Ersatztechnikerin von Kanal 3. Guy hielt nicht besonders viel von ihren Fähigkeiten, aber ihre gute Führung und die Tatsache, daß sie die Nichte des Sendeleiters war, ließen ihn sie weiterhin beschäftigen. Er konnte ihre Arbeit ja immer noch streichen. Aber an diesem Tag war sie gut, und er befand sich an diesem Wochenende sowieso außer Haus; daher kamen Jills Filmmeter so als Einblendung in die Mittagsnachrichten, wie sie sie selbst zurechtgeschnitten hatte.

Einer der Zuschauer machte per Anruf die Mitteilung, daß die Frau im gelben Kleid, die auf der Fähre geknipst worden war, sich auch am Schauplatz des Brandes befand. Die Wochenendtelefonistin vom Dienst notierte die Bemerkung auf ihrem Block und leitete sie mit allen anderen Kommentaren wie gewöhnlich ins Büro des Sendeleiters weiter. Diese Kommentare wurden, wie es die Bestimmungen des FCC vorschrieben, unter »Zuschauerreaktionen« abgelegt.

Am Dienstag abend spielte die hiesige Baseballmannschaft auf dem eigenen Platz, und das Kamerateam besuchte das Spiel, um es zu filmen. Ballspiele fielen gewöhnlich in das Ressort von Griff Ellis. Griff hatte am College im dritten Rang gespielt, und die Fernsehaufnahmen belegten eine ziemlich nebensächliche Position in seiner Einschätzung der Lebenswerte. Er hatte ein wundervolles Auge für das Spiel und wußte irgendwie instinktiv, wann ein großer Treffer kam; er ließ die Kamera immer im richtigen Moment laufen und verschwendete dadurch sehr wenig Filmmaterial. Als daher der Ersatzmann den Ball weit ins Außenfeld schoß und den zweiten und dritten Baseballspieler heimschickte für den siegbringenden Lauf, hatte Griff natürlich den Schuß und die vor Freude außer sich geratene Menge im Kasten.

»Warum?« erkundigte sich der gleiche, aufmerksame Zuschauer, »macht Kanal 3 weiterhin Aufnahmen von der Frau im gelben Kleid? Ist das ein Reklametrick, oder ist sie die Frau des Sendeleiters?«

»Was zum Teufel«, fragte der Ressortleiter, »ist mit dieser Frau-im-gelben-Kleid-Sache?«

Der Sendeleiter war im Moment wirklich zu beschäftigt, um sich auch noch mit den Kommentaren von Zuschauern zu befassen. Er hatte mit seiner neuesten Leitartikelserie zu tun – gegen die Abtreibung, gegen Rechte der Homosexuellen, gegen den neuen Zeittrend. Er brachte den gleichen, vierminütigen Spot zweimal am Tag und appellierte darin ernsthaft »an den guten Geschmack der Amerikaner, diesem Land seine Größe zu erhalten«.

Er und Guy stiegen mit dem Nachrichtenteam in den Vorführraum hinunter und ließen den Film rückwärts durch den Apparat laufen. Dann kam die Menge, erregt auf den Beinen mit emporgestreckten Armen, und mittendrin – heiter wirkend gegen die karierten Hemden und blauen Jeans – saß ruhig die Frau im gelben Kleid.

»Schund«, erklärte der Sendeleiter. »Einfach eine andere Frau. Die Zuschauer haben das Hirn voller Flöhe.«

Entgegen der Aussage in seinen Leitartikeln hatte der Sendeleiter keine hohe Meinung von den Zuschauern. So weit es ihm möglich war, ignorierte er Telefonanrufe und Briefe, außer sie deckten sich zufällig mit seinen vorgefaßten Meinungen. Jedoch die wöchentlichen Programmbewertungen las er sehr sorgfältig durch; sie betrachtete er als eine Art Bibel. Während er öffentlich die Gewalt anklagte, ließ er auf dem Fernsehschirm eifrig die fünf gewalttätigsten Shows ablaufen. Er und Guy stimmten darin überein, daß die Beurteilungen alle wichtig seien.

Der wie immer unbeständige Nordwestsommer bot laufend Motive für die Art Filmerei, in der Bill herausragte, und mit der das Team eine ein bißchen heitere Stimmung ans Ende der Tagesnachrichten bringen konnte. Einmal stiegen die Temperaturen bis auf 25 Grad; Bill war unten in den Golden Gardens, dem hiesigen Sonnenbadeplatz, und ließ seine Kamera liebevoll über die glänzenden, jungen Bikinimädchen schweifen. Am Tag darauf rollten schwarze Wolken vom Pazifik herein, und Bill machte einen netten kleinen Film mit tropfenden, trostlos aussehenden Touristen im Center; die Fahnen hingen schlaff an den Masten auf dem Flaggenplatz, und der Internationale Springbrunnen wurde durch die Wasserspiele der Natur in den Schatten gestellt.

Auf jedem Film erschien die Frau im gelben Kleid. Am Strand saß sie mit dem Rücken an einen meergebleichten Baumstamm gelehnt und hatte ihr Gesicht der Sonne zugewandt. Im Center kauerte sie im Schutz eines Mauervorsprungs und zitterte in der feuchten Luft.

Bill schien sie nicht bemerkt zu haben. Er war nicht dabeigewesen, als sie den Baseballstreifen überprüft hatten, aber den Kollegen fiel es sofort auf. Als sie das Programm für die Sechs-Uhr-Nachrichten zusammenstellten, entdeckten Phil und Guy den gelben Fleck sofort. Ohne Bill zu Rate zu ziehen, schnitten sie ihn aus der Strandszene. Sie wollten weitere Telefonanrufe vermeiden.

Aber als die Frau am nächsten Tag im Film über das Center wieder auftauchte, hörte der Sendeleiter davon und geriet in Zorn.

»Was, zum Teufel, geht hier vor?« raunzte er Bill an. »Machst du Aufnahmen von irgendeiner Frau, auf die du scharf bist? Zieht sie dauernd mit dir rum?«

Bill und der Sendeleiter starrten sich gegenseitig frostig an. Bill konnte ihn nicht leiden. Dem anderen war es egal, ob Bill ihn mochte oder nicht.

»Ich weiß nicht, wovon Sie reden«, sagte Bill.

Für ihn ließen sie den Film Bild für Bild durch den Projektor laufen. »Sicher kommt sie einem bekannt vor«, meinte Bill. »Aber man kann nicht sagen, wie sie wirklich aussieht. Man kann nur ein gelbes Kleid erkennen. Sie ist immer im Hintergrund.«

»Ja, so wie gestern und an dem Tag bei der Fähre.« Der Sendeleiter, der sich das Rauchen abzugewöhnen versuchte, biß heftig auf einem grauen Kaugummiknäuel herum.

»So?« grinste Bill und zuckte mit den Schultern. »Vielleicht ist es eine Dame, die an mir Gefallen gefunden hat.«

Der Ressortleiter schaute ihn mit Abscheu an. Bill war mindestens fünfzig, kahl wie der Mond und hatte eine fette Frau und sechs Kinder.

Jill, die gleichfalls im Vorführraum war, widersprach.

»Nein«, sagte sie, »trotz deines unschätzbaren Charmes, Bill, war sie bei meinem Brand.«

»Und bei Griffs Spiel«, ergänzte Phil.

»Aha«, meinte Bill, »ihr wollt damit sagen, daß sie nicht nur meine Frau ist?«

Sie ließen den Film zurücklaufen und führten ihn noch einmal vor. Sollte es auch nicht dieselbe Frau sein, das gleiche Kleid war es sicher. Es bestand aus einer schillernden Qualität – als verweile Sonnenschein darauf. Es war ärmellos, mit einem glockenförmig gebauschten Rock – unverkennbar. Aber die Frau war verschwommen, unscharf, oder zu weit entfernt von der Kamera, um ihre Gesichtszüge ins Bild zu bekommen. Sogar ihr Alter war schwer bestimmbar. Sie schaute aus wie jede andere Frau – weder zu klein noch zu groß, weder zu dick noch zu dünn. Sie war nicht alt, nicht jung – nur eine Frau in einem gelben Kleid.

Phil starrte auf den Redakteur. »Komisch«, bemerkte er, »ich habe das Gefühl, als hätte ich sie schon vorher irgendwo gesehen.«

Der Sendeleiter ließ seinen Gummi schnalzen. »Es gibt keine Frau im Land, die du nicht schon gesehen hast, aber gewöhnlich ohne Kleider.«

Phil nahm die Bemerkung als Kompliment. Er war stolz auf seinen Erfolg bei Frauen. Dunkelhaarig und fast zu gut aussehend, mit einer vollen, warmen Stimme und einem strahlenden Lächeln – das den Sender in Punkto seines Gehalts teuer zu stehen kam – fand er mühelos willige Bettgenossinnen.

»Keine Frau«, äußerte Jill nachdenklich, »trägt das gleiche Kleid eine Woche lang – tagaus, tagein, bei Sonnenschein und bei Regen.« Sie machte eine Pause und fragte dann verwundert: »Warum hatte sie im Center keinen Mantel an?«

Der Sendeleiter runzelte die Stirn, während er den Projektor ausschaltete. Er würde niemandem erzählen, daß die Frau ihn an jemanden erinnerte. Gott bewahre; an seine erste Frau! Wenn es eine Frau gab, die er vergessen wollte, dann war sie es.

»Alles Unsinn«, murmelte er unbehaglich vor sich hin und starrte dann von der Belegschaft auf Guy. »Aber laßt mich sie nicht auf einem neuen Film erblicken, oder ich wickle euch eure Kameras um die Hälse und schmeiß euch alle raus.«

Griff nahm an der Unterredung nicht teil. Er war unten beim Gerichtsgebäude und filmte eine Demonstration für die Rechte der Homosexuellen. Es entstand ein Gefühl für Greueltaten unter dem Nachrichtenteam, als er einen fertigen Film mit Plakaten, singenden Maschierern und der Frau im gelben Kleid zurückbrachte. Sie war keine Protestteilnehmerin, nur eine harmlose Zuschauerin – wieder einmal im Hintergrund, wieder einmal nur durch ihr Kleid identifizierbar.

Das Gerücht machte im Sender die Runde. Die Abteilungsleiter, die Techniker, das Betriebspersonal, die Sekretärinnen und die diversen anderen Angestellten – denen nur die Feindseligkeit dem Sendeleiter gegenüber gemeinsam war – kicherten hinter der vorgehaltenen Hand. Sie wußten, daß das Aufnahmeteam ihm eine Art Streich spielte.

Das Kamerateam versammelte sich; man kratzte sich am Kopf und ließ die Filme nochmals durchlaufen. Das einzige fehlende Stück war das aus der Strandszene herausgeschnittene; man hatte es auf den Boden geworfen, und es war vom Hausmeister zusammengekehrt worden. Verwirrt starrten alle wie hypnotisiert auf die Frau.

Niemand konnte sich daran erinnern, sie bemerkt zu haben. Sogar Bill, der unten bei den Fähren seine Kamera auf sie gerichtet hatte, konnte sich nicht wirklich darauf besinnen, sie gesehen zu haben. »Verdammt, ihr wißt doch, wie das ist«, meinte er. »Man nimmt nur Bilder auf, man sieht niemanden wirklich.«

Das stimmte, sie mußten ihm recht geben. Niemand von ihnen sah bewußt etwas. Sie machten nur Aufnahmen.

Der Sendeleiter riß in bester Theatermanier an dem, was von seinem Haar noch übrig war, fluchte, rauchte seit Wochen seine erste Zigarette und beschwerte sich bei Guy. »Es ist eine Art Schikane«, schrie er, wobei er mit der Hand auf den Schreibtisch des Nachrichtendirektors donnerte.

Guy besaß eine phlegmatischere Einstellung. »Das ist nur Einbildung«, beruhigte er. »Wir sind bloß auf eine Sensationsnudel gestoßen, die sich gern im Fernsehen sieht. Die Stadt ist voll davon. Nimm's dir nicht so zu Herzen.«

»Wie, in Teufels Namen, weiß sie, wo die Kameras sein werden? Kannst du mir das verraten? Wie kommt es, daß sie immer in der Nähe ist, wenn unser Team filmt?«

Guy zuckte die Schultern. Warum kann man sich darüber nur so aufregen, fragte er sich.

Der Ressortleiter wischte sich über die Stirn. »Guy«, sagte er, »lach mich nicht aus, aber diese Person schaut aus wie meine erste Frau. Es ist unheimlich. Jedesmal, wenn ich sie sehe, fange ich zu schwitzen an. Gibt es in deinem Leben keine Frau, die du nie mehr zu Gesicht bekommen möchtest?«

Guy lachte. »Nein«, erwiderte er. »So sehr regen mich Frauen nicht auf. Sag den Kameraleuten einfach, sie sollen von ihr wegbleiben.«

»Aber ich hab's ihnen gesagt – du warst dabei –, und dann kam Griff mit einem anderen Schnappschuß von ihr an.«

»Nun, dann sag's ihnen eben noch mal und –«, er klopfte dem Sendeleiter beruhigend auf die Schulter, »– du weißt, das mit deiner Frau bildest du dir nur ein. Schließlich ist sie seit Jahren tot.«

Es wurde dann eine Art Spiel. Der ganze Sender beteiligte sich daran. Die Kameraleute und Reporter zogen aus, blickten sich sorgfältig nach der Frau in Gelb um, prüften, daß sie nirgends in Sicht war, wählten mit Bedacht ihre Position und drehten ihre Filmmeter ab; dann rannten sie ins Studio zurück und ließen den Streifen durch den Projektor laufen. Leute, die überhaupt nichts im Vorführraum zu suchen hatten, versammelten sich darin und schauten gespannt zu, während die Bilder durch die Maschine schnellten.

Und unglaublicherweise erschien sie immer – nur unscharf, nur außerhalb des Erkennungsbereichs.

»Habt ihr's gemerkt«, fragte Guy, »daß sie näher kommt? Bald werden wir ihr Gesicht sehen.«

»Sie verfolgt uns«, flüsterte Jill.

Das Gerücht verbreitete sich auf der ganzen Station.

Der Sendeleiter wurde besessen. Er beobachtete die anderen Kanäle nach einem Zeichen von ihr, aber bei deren Berichterstattungen tauchte sie nie auf. Auf dem Flughafen, wo alle Sender um einen Platz rangen und ein Wort von dem Juniorsenator des Staates zu erhaschen suchten, brachte einzig Kanal 3 die mysteriöse Frau. Auf dem Rennplatz, am Schauplatz eines blutigen Autozusammenstoßes, bei einem Banküberfall – überall war es die gleiche Geschichte. Irgendwie fingen nur die Kameras von Kanal 3 das schwer zu definierende, gelbe Phantom ein.

Es hörte auf, ein Spaß zu sein. Die Besessenheit des Sendeleiters hüllte die Station ein. Die Finger des Kamerateams hefteten sich wie Kletten an den Auslöser. Die Reporter wurden hinterhältig, ihre Augen schnellten zu den Kameras; sie stammelten, während sie ihre Berichte der unsichtbaren Zuhörerschaft präsentierten.

Guy feuerte Sandie. Sie machte aus einer ganz gewöhnlichen Reportage über eine Modenschau eine Katastrophe, indem sie alle Kleider als gelb beschrieb, sich verbesserte und schließlich völlig verstummte. Es hätte nicht so viel geschadet, wäre es keine Livesendung gewesen.

Beim üblichen Montagstreffen der führenden Köpfe schlug Guy eine nüchterne Annäherung vor. Er beruhigte die gespannten, besorgten und zotigen Einwände mit still erhobener Hand und dem denkwürdigen Satz: »Wenn man sie nicht besiegen kann, sollte man sich mit ihnen vereinen. Oder«, führte er näher aus, »wenn wir sie nicht loswerden können, dann bringen wir sie zu uns herein. Finden wir heraus, wer sie ist. Appellieren wir –«, und er machte eine gewichtige Pause, »– an die Zuschauer. Zeigen wir ihnen die Kurzfilme. Irgend jemand dort draußen muß wissen, wer sie ist. Bitten wir die Zuschauer um eine Identifizierung. Das sollte eine großartige Reklame abgeben.«

Alle verstummten und dachten über seine Worte nach. Ein Reklametrick! Ja, das würde die Leute ergreifen! Die Frau im gelben Kleid immer wieder ablaufen lassen. Sie hatten sicher genug Filme von ihr. Sie würden aufhören, sich vor ihr zu verstecken, sondern das Problem den Zuschauern übergeben. Sich an die Zuschauer zu wenden, wäre ein neuer Versuch für Kanal 3.

Es schien eine großartige Idee zu sein. Phil begann damit auf seine eigene, unnachahmliche Art. Bei den Sechs-Uhr-Nachrichten und noch einmal um elf Uhr nachts trat er vor die Studiokameras und verlas ein sorgfältig vorbereitetes Manuskript. »Hier haben wir«, sagte er mit einem Lächeln, »eine geheimnisvolle Dame, die gegen den Kanal 3 durch Allgegenwart intrigiert –«, es war ein gewagtes, großspuriges Wort, deshalb erläuterte er für die nicht so gebildeten Zuschauer, »– indem sie offensichtlich überall zur gleichen Zeit auftaucht. Sollte es jemanden unter dem Publikum geben, der diese Dame kennt, wäre Kanal 3 für eine Mitteilung dankbar. Alle Antworten werden mit strengster Diskretion gehandhabt.« Der Ankündigung folgten Szenen mit der Frau im gelben Kleid.

Es hatte harte Diskussionen darüber gegeben, ob man eine Belohnung anbieten sollte. Der Sendeleiter wollte als Preis für die korrekte Identifizierung eine zweiwöchige Urlaubsreise nach

Hawaii aussetzen, aber Guy hatte sein Veto eingelegt. »Die ganze Welt wird anrufen. Biet keinen Preis an.«

Die Reaktion war überwältigend. Briefe und Telefonanrufe ergossen sich über den Sender. Extrapersonal mußte eingestellt werden, um die Zuschriftenflut zu bewältigen. Aber falls die Antwort da war, lag sie unter der Fülle der Einsendungen begraben. »Wir wissen alle, daß die dort draußen verrückt sind«, stöhnte Guy, »aber das hier ist einfach lächerlich.«

»Meine liebe, tote Mutter, die seit zwanzig Jahren im Grab liegt«, schrieb eine kritzelige Hand.

»Meine Frau –«, kam es von einem zornigen Anrufer, »– die mich mit vier Kindern und einem geplünderten Bankkonto im Stich gelassen hat.«

»Meine Schwester. Wir dachten, sie sei ermordet worden. Ihre Leiche wurde niemals gefunden.«

»Unsere Tochter, die von zu Hause weggelaufen ist. Das liegt jetzt fünf Jahre zurück.«

»Janis Joplin.«

»Greta Garbo.«

»Meine ehemalige Freundin, die rauschgiftsüchtig wurde.«

»Unser Geschäftsführer – der mit dreißigtausend Dollar getürmt ist.«

»Jacqueline Kennedy-Onassis.«

»Martha Mitchell.«

»Meine Frau. Sie behauptete, sie wolle Verwandte in New York besuchen.«

Selbst das FBI rief an. »Es ist eine Frau, die wir in Verbindung mit einem Bombenanschlag verhören wollen.« Sie bestanden auf Kopien der Filme.

Und so weiter und so fort.

»Sie ist jede verdammte, jemals existierende Frau«, meinte Guy verzweifelt. »Die Menschen dort draußen sehen genau das, was sie sehen wollen.«

Phil kam mit seiner Kündigung zu ihm. Er sagte, er habe ein besseres Angebot von einem Sender in Indiana; dann platzte er plötzlich heraus: »Ich kann den Anblick dieser Frau nicht mehr länger ertragen. Sie schaut genauso aus wie ein Mädchen, mit dem ich vor einiger Zeit zusammen war. Ich glaub, sie ging weg, um eine Abtreibung vornehmen zu lassen. Ich hab sie nie wiedergesehen, bis jetzt.«

Guy starrte ihn an. »Wann war das?« fragte er neugierig.

»Tja, auf der Oberschule, wenn man's genau nimmt«, murmelte Phil, wobei sein zu hübsches Gesicht rot wurde. »Bevor ich die Schliche kannte, Guy.«

»Du bist verrückt«, sagte Guy, konnte ihn aber nicht zum Bleiben überreden.

Bill war kleinlaut. »Meine Frau ist überzeugt, daß es die Dame ist, mit der ich vor unserer Eheschließung befreundet war. Du weißt, wie Frauen sind, Guy; sie setzen sich etwas in den Kopf, und nichts kann sie vom Gegenteil überzeugen. Sie wollte ohnehin schon immer in Kalifornien leben.«

»Hör mal«, sagte Guy, »was ist nur mit euch los? Ihr seht alle jemanden, der gar nicht da ist; sie vertreibt euch mit ihrem Spuk. Es ist nur eine Frau, die dauernd vor die Kameras gerät, das ist alles. Nichts weiter. Sie kommt nicht aus eurer Vergangenheit, wie könnte sie? Vielleicht kennt sie überhaupt keiner aus seiner Vergangenheit.«

»Du hast natürlich recht.« Bill schaute höchst unüberzeugt aus. »Aber wir haben nun mal dieses Gefühl von ihr. Jill glaubt, sie habe unsere Kameras verhext. Wenn wir sie wegnehmen, verschwindet die Frau vielleicht auch.«

»Du meinst —«, und es dauerte einen Augenblick, bis Guys Verstand das Unglaubliche begriff, »— du meinst, die anderen wollen auch gehen?«

Bill nickte schweigend, verlegen.

Guy stürmte aus seinem Büro und fand Jill. Sie warf die langen, blonden Haare trotzig zurück. »Ihr macht so ein Theater um diese Frau. Ihr seid nichts als ein Haufen verdammter Chauvinisten. Es geschieht euch recht, wenn euch eine Frau um euer bißchen Verstand bringt.« Dann zitterte ihre Unterlippe, und Tränen ergossen sich über die dichten Wimpern. »Sie sieht genauso aus wie meine Mutter«, winselte sie, »und ich habe sie hundsmiserabel behandelt.«

Guy schaute Griff an, den letzten vom Kamerateam. »Ich gehe nach Mexiko«, erklärte Griff. »Ich hab dort unten von einer Baseballmannschaft ein Angebot bekommen. Das ist etwas, was ich mir schon immer gewünscht habe – spielen – und, Mensch, ich mag es ohnehin nicht, wie weiße, mittelklassige Frauen hier auf dem Fernsehschirm dominieren.«

»Verrückt«, rief Guy. »Ihr seid alle verrückt.«

Vier hiesige Auftraggeber schlossen ihre Verträge mit anderen Sendern ab. Sie mochten die Art nicht, wie Kanal 3 ihre Töchter, ihre Frauen, ihre Sekretärinnen zur Schau stellte.

Der Sendeleiter erlag einem Herzanfall. Tag für Tag das Bild seiner ersten Frau vor Augen zu haben, tötete ihn.

Der Verlust von Einnahmen sowie von Auftraggebern und die Zermürbung des Personals stürzten den Sender in eine Finanzkrise. Guy blieb dabei. Er war ein alter Profi; zu wertvoll, um entbehrlich zu sein; zu zäh, um unter dem Druck zu zerbrechen. Es gab eine Andeutung, daß er unter dem neuen Eigentümer Sendeleiter werden könnte. Er nahm an der Ausschußsitzung teil.

»Eine problematische Situation«, meinte der Hauptaktionär düster. »Ich kann nicht verstehen, was mit dem Sender passiert ist. Wir machten uns so gut, alles verlief reibungslos. Wir sind froh, daß wir im letzten Moment abgesprungen sind.«

Der neue Eigentümer war ein Zeitungsmagnat aus San Francisco. »Treffen wir ihn heute«, fragte Guy.

Der Aktionär räusperte sich. »Unglücklicherweise«, sagte er, »hat der in Frage kommende Gentleman einen Schlaganfall erlitten und wird nicht dazu in der Lage sein, die Leitung der Gesellschaft zu übernehmen. Seine Frau hat jedoch die rechtlichen Vollmachten erhalten, und sie bekundet – wie ich glücklicherweise mitteilen kann – ein starkes Interesse an diesem neuen Unternehmen ihres Mannes. Sie war bisher noch nicht in dieser Stadt, freut sich aber darauf, den Sender kennenzulernen. Sie wird bald hier sein.« Er blickte auf seine Armbanduhr. »Ihr Flugzeug ist vor einer halben Stunde gelandet.«

Guy überkam ein ungemütliches Gefühl. Die Männer erhoben sich, als die neue Eigentümerin angekündigt wurde und durch die große Mahagonidoppeltür hereinkam. Widerwillig löste er die Augen von den Gewinn-und-Verlust-Listen, Beurteilungen, Finanzaufstellungen und dem Rechnungsbericht.

Er hatte es den anderen gesagt. Sie war keine Gestalt aus ihrer Vergangenheit. Jetzt sehr scharf eingestellt, setzte sie sich in ihrem gelben Kleid graziös an das Kopfende des Tisches und blickte Guy direkt in die Augen.

»Bitte«, sagte sie, »betrachten sie mich nur als gewöhnlichen Zuschauer.«

Originaltitel: THE WOMAN IN THE YELLOW DRESS. 7/78

Nedra Tyre

Sekunden der Angst

Woher kam nur die schreckliche Furcht?

Warum glaubte sie, jeder Schritt würde sie der Vernichtung näher bringen?

Es war nur ein frühmorgendlicher Spaziergang, der Ellen Anderson von ihrem geliebten Ehemann zu ihrem geschätzten Arbeitgeber brachte.

Viele Frauen verlassen das Bett, das sie mit ihrem Mann teilen, ziehen sich an und gehen zur Arbeit – genau wie sie.

Ihre Situation war alltäglich. Warum erfüllte sie dann der Weg zur Arbeit mit Schrecken?

Angst beschlich sie von dem Augenblick, in dem sie das Wohnhaus verließ. Angst war ein lebendiges Ungeheuer, und sie ein kleines, verängstigtes Tier, das von ihm verfolgt wurde und jeden Moment von seinem Rachen verschlungen werden konnte.

Ihr Weg war ziemlich lang, etwa fünf Kilometer. Er begann zwei Straßen vom Rand des Universitätsgeländes entfernt, dort, wo sie und ihr Mann Viktor wohnten. Ihre Route führte nach Westen, vorbei an ansehnlichen Stadthäusern, dann südlich durch die Slums und schließlich quer durch einen weitläufigen Park in ein Vorortsgebiet mit großen Wohnhäusern, von denen eines ihr Ziel war.

Am ersten Morgen hatte sie versucht, das Haus von Dr. Arnold mit einem der öffentlichen Verkehrsmittel zu erreichen. Aber das erforderte zweimal Umsteigen und langes Warten zwischen den Verbindungsbussen, so daß sie erst nach neun Uhr ankam. Dr. Arnold war Frühaufsteher und begann um 7.30 Uhr mit der Arbeit. Diese frühe Tageszeit machte ihr nichts aus. Sie stand um sieben Uhr auf, stellte sich kurz unter die Dusche, zog sich an und trank ein Glas Orangensaft. Dann ging sie fünf Minuten zu Fuß von ihrer Wohnung bis zu Dr. Arnolds Büro auf dem Universitätscampus. Aber das war vor Dr. Arnolds Krankheit. Jetzt kam er nicht mehr ins Campus, und Ellen suchte ihn in seinem Haus in den Vororten auf. Nun mußte sie um sechs Uhr aufstehen statt um sieben.

Sie hätte ein Taxi nehmen können, aber der Taxiverkehr in

Kingborough ist bekanntlich unregelmäßig und sehr, sehr teuer, und dies schien ihr eine ungeheure Geldverschwendung. Nicht daß ihr an Geld irgend etwas gelegen hätte, zumindest dann nicht, wenn Tante Marthas Rechtsanwalt wußte, wovon er sprach. Tatsache ist, daß Geld für sie auf keinen Fall eine Rolle spielte, weil sie als leitende Assistentin von Dr. Arnold, dem Präsidenten der Universität, genauso viel verdiente wie eine außerordentliche Professorin.

Sie hätte Viktor bitten können, sie zu begleiten, und er hätte es mit Freuden getan. Aber er ging erst um neun Uhr ins Büro, arbeitete oft bis spät in die Nacht und benötigte seinen Morgenschlaf. Außerdem wäre es taktlos von ihr gewesen, ihn darum zu bitten. Sie hatte Viktor ihr Auto nach der Hochzeit geschenkt und behauptet, es bestimmt nicht zu brauchen. Es war bequem, wenn sie übers Wochenende zu ihrer Tante Martha nach Concord gefahren war, aber seit diese gestorben war, hatte Ellen den Wagen selten benützt. Im Universitätskomplex gab es alles – Kinos, Zeitungskioske, Buchläden, Konzerthallen, Supermärkte, Geschäfte für alkoholische Getränke, Boutiquen, Blumenstände. Viktor war für den Wagen überschwenglich dankbar gewesen. Darüber hinaus besaß sie zwei Beine, und Gehen war gesund. Man konnte keine Zeitschrift oder Zeitung aufschlagen, ohne daß man dazu ermahnt wurde, sich fit zu halten. Und Laufen galt als das beste Fitnesstraining überhaupt.

Vielleicht hätte sie sich überbeansprucht gefühlt, wenn sie täglich zweimal zu Fuß hätte gehen müssen, aber am Spätnachmittag gab es eine günstige Busverbindung.

Zuerst empfand sie überhaupt keine Angst. Im Gegenteil, der lange Spaziergang wirkte anregend auf sie. Es war interessant, so früh unterwegs zu sein und an den attraktiven Stadthäusern vorbeizubummeln.

Die Straßenlaternen beleuchteten ihren Weg ausreichend, um sie vor steilen Randsteinen oder unebenen Gehsteigen zu warnen; dann und wann traf sie auf einen Zeitungsjungen, der die Morgenausgabe vor die dunklen Häuser warf; oder der Fahrer eines Milchwagens sprintete vor ihr her, um Milchflaschen auf einer Veranda abzusetzen.

Etwas abseits der hübschen Stadthäuser lagen wie offene Wunden die Slums. Alles war bloßgelegt. Hinter ausgehängten Türen

klafften endlose, finstere Hallen. Es gab zerbrochene Fenster-
scheiben und schief hängende Jalousien; Höfe, die von Abfall,
weggeworfenem Spielzeug, zerbrochenen Schnapsflaschen und
zerbeulten Bierbüchsen verunstaltet wurden.

Lagen die verlassenen Häuser hinter Ellen, betrat sie den Park
– zu einer verwundbaren und schutzlosen Zeit. An Menschen-
scharen gewöhnt, entworfen zum Vergnügen vieler, zeigte er
Zurückhaltung, ja Überheblichkeit, wenn er von einer einzelnen
Person durchschritten wurde. Und dennoch war Ellen sicher, daß
er niemals schöner sein konnte. Sie nahm immer den Weg an den
beiden Seen entlang. Dieser leere Park besaß einen Zauber.
Wenn der schneidende Wind sie traf, fühlte sie sich wieder als
Kind, das im Phantasiereich eines Märchens lebte. Sie war Rot-
käppchen auf dem Weg zu ihrer Großmutter; sie war Goldlöck-
chen, das gerade beim Haus der drei Bären ankam; oder vielleicht
würden sich die Bäume und Dornensträucher über ihr schließen,
und sie wäre Dornröschen, das die Jahrzehnte verschlief, bis der
Prinz kam und es weckte.

Von den Kieswegen des Parks wechselte sie hinüber auf gepfla-
sterte Straßen. Diese führten an Häusern vorbei, die genauso
unbewohnt und abschreckend aussahen wie die viktorianischen
Landhäuser in alten Romanen, doch es mußten Leute darin
leben, weil sie so gepflegte Rasenflächen und symmetrisch
geschnittene Hecken aufzuweisen hatten.

Als sie sich an ihre Route etwas mehr gewöhnt hatte, erschien
ihr die Entfernung kürzer. Manchmal legte sie die letzten fünfhundert Meter in ihrem Eifer, Dr. Arnolds Haus zu erreichen und
mit der Arbeit zu beginnen, im Laufschritt zurück. Sie läutete am
Seiteneingang. Mrs. Greene, Dr. Arnolds Haushälterin, öffnete
ihr. Die beiden Frauen tranken zusammen Kaffee, und nachdem
sie die Tassen im Spülbecken gereinigt hatten, ging Ellen hinauf
in Dr. Arnolds Studierzimmer. Obgleich sie ihn nur kurze Zeit
nicht gesehen hatte, erhielt sie bei seinem Anblick jedesmal einen
Schock. Die Nacht hatte ihn seiner ganzen schwachen Kraft
beraubt. Nur seine Willenskraft erhielt ihn noch am Leben, weil
er unbedingt die Entwicklungsgeschichte der Universität beenden
wollte; und dazu war er auf ihre Hilfe angewiesen. Sie durfte ihn
nicht enttäuschen.

Das Beste an diesen Spaziergängen in der beißenden Kälte

war, daß sie ihr die Zeit boten, um mit den erstaunlichen Ereignissen fertig zu werden, die kürzlich ihr Leben verändert hatten.

Zuerst der Tod ihrer geliebten Tante Martha. Als Ellen fünfzehn Jahre alt war, starben ihre Eltern, und danach hatten Ellen und ihre Tante ein sehr enges Verhältnis zueinander. Tante Martha besaß dafür Talent. Manchmal schien es Ellen, wenn sie in das Haus ihrer Tante in Concord kam, als wäre Tante Martha mit jedermann in Stadt und Land bekannt. Das Haus quoll über vor Gästen und Besuchern. Es gab keine Geheimnisse zwischen den beiden Frauen, und Ellen wußte, daß ihre Tante sehr wenig Geld hatte, um ihre Gastlichkeit zu finanzieren; doch Tante Martha liebte unterhaltsame Leute und besaß Geschick dafür, Essen und Getränke zu strecken. Niemand verließ ihr Haus jemals unzufrieden.

»Liebling«, sagte sie oft zu Ellen, »wenn ich nur etwas hätte, das ich dir hinterlassen könnte – außer diesem großen Viehstall von einem Haus und all den wertlosen Äckern.«

Und sie hatte es geschafft, Ellen zur Erbin zu machen. Kurz vor ihrem plötzlichen Tod nach einem Herzanfall traf Tante Martha Anordnungen über ihr Eigentum: das Haus sowie das umliegende Grundstück sollten zu einem Einkaufszentrum gemacht werden; das Gelände rund um den See würde man in ein Erholungsgebiet umgestalten. Aber soviel Ellen wußte, mochte sich die Abwicklung des Geschäfts noch Jahre hinziehen.

Dr. Arnold bot Ellen nach dem Tod ihrer Tante an, sich soviel Urlaub zu nehmen, wie sie brauchte. Als sie dann wieder nach Kingborough zurückkehrte, erfuhr sie, daß er im Krankenhaus lag. Sofort besuchte sie ihn. Er schien verloren und gestrandet auf dem großen, schmalen Bett, das von steifen, formellen Blumensträußen und Trennwänden umgeben war.

Sie weinte bei seiner Mitteilung, daß er Krebs im Endstadium habe. Ihre Tränen machten ihn ärgerlich. Nie zuvor hatte er mit ihr geschimpft. »Verdammt, Ellen, Sie beschämen mich mit Ihrer Sentimentalität. Hinter mir liegt ein wundervolles Leben. Ich habe alles gehabt, was ich mir wünschte. Ich bin Präsident der Universität gewesen, die meine Vorfahren gegründet haben, und besitze einen guten Sohn, der sie nach mir weiterführen wird. Mir bleibt nur ein letzter Wunsch, und mit Ihrer Hilfe kann ich ihn wahr werden lassen. Ich möchte die Entwicklungsgeschichte der

Universität beenden.«

Ihre Tränen wurden zu einem unkontrollierbaren Strom.

»Der Mensch muß an irgend etwas sterben«, bemerkte er streng.

Nach seiner Entlassung siedelte er vom Präsidentenhaus auf dem Campus in seinen Vorortswohnsitz über; Ellen verließ Dr. Arnolds Büroräume im Verwaltungsgebäude, um mit ihm in seinem im oberen Stockwerk gelegenen Studierzimmer zu arbeiten. Sie waren überrascht, wie gut die Geschichte voranging, fern von all den Telefonanrufen, Fakultätstreffen, Krisen im Campus und Besuchern.

Bevor ihr die Angst während ihrer Morgenwanderungen die Ruhe raubte, dachte Ellen noch mehr an Viktor als an ihre Tante oder Dr. Arnold. Wie wenig sie Viktor im Gegensatz zu diesen beiden kannte. Dennoch war sie an ihn noch fester und inniger gebunden. Sie wollte alles über ihn erfahren, angefangen von seiner ersten Kindheitserinnerung bis zum Tage ihrer Hochzeit. Im Moment spielte nichts eine Rolle, außer daß sie ihn liebte.

Ihr Zusammentreffen war alltäglich genug. Es fand statt, während Dr. Arnold noch im Krankenhaus lag. Viktor rief an und sprach ihr wegen Tante Martha sein Beileid aus. Er sagte, er habe diese kennengelernt, als er in Concord Jurastudent gewesen sei und später, als er dort für eine Entwicklungssache gearbeitet habe. Er fragte Ellen, ob sie sich an ihr Zusammentreffen bei ihrer Tante erinnere. Kürzlich habe er eine Anstellung als Assistent bei einer Anwaltskanzlei in Kingborough gefunden.

Er lud Ellen zum Abendessen ein. Sie erinnerte sich nicht daran, ihn in Concord getroffen zu haben, aber es wäre taktlos gewesen, dies einzugestehen. Er war freundlich, sehr groß und sah gut aus – es ärgerte sie nur, daß er einen Stock mit Silberknauf trug, was ihn ihrer Meinung nach ein bißchen wie einen Dandy aus der Zeit König Eduards erscheinen ließ. Dann bemerkte sie, daß er hinkte und den Stock für sein Gleichgewicht nötig haben mußte, und sie schämte sich ihres Ärgers über ihn. Doch Viktor erwähnte seine Behinderung nie – nicht einmal nach der Heirat. Oft waren morgens die Bettücher von seinen Beinen gerutscht, und sie empfand Entsetzen darüber, wie verkrüppelt der linke Fuß war. Auf den ersten Blick schienen seine Schuhe ganz normal zu sein, bei näherer Betrachtung erkannte sie beim linken jedoch den Unterschied, und es wurde ihr bewußt, daß nur ein Wunderwerk der Schuhmacherkunst eine solch vollendete Stütze für diesen arg verstümmelten Fuß schaffen konnte.

Eines Nachts fragte sie ihn danach. Seine Antwort war sachlich. Er befand sich auf der Rückfahrt von einem unerwarteten Besuch zu Hause, um dem Begräbnis seines Vaters beizuwohnen. Er hatte vor sich hingedöst und wurde wach gerüttelt, als sein Auto gegen einen Baum knallte. »Ich bin froh, überhaupt noch am Leben zu sein«, sagte er. »Dieser Unfall kostete mich ein Jahr länger bis zum Abschluß meines Studiums. Aber er verschaffte mir auch die Zeit, mich zu entscheiden, was ich aus meinem Leben machen wollte und wie ich es bekommen konnte.«

Sie war glücklich. Sie war die glücklichste Frau auf der Welt, ihre Tage zwischen zwei so bemerkenswerten Männern wie Dr. Arnold und Viktor aufteilen zu können.

Viktor besaß wirklich Ehrgeiz. Jammerschade, daß er Rechtsanwalt war; die gab es in Kingborough wie Sand am Meer. Aber Gott sei Dank hatte er sich in Kingborough niedergelassen, sonst wären sie nicht verheiratet. Statt ihn zu entmutigen, bewirkten die zahlreichen Juristen bei ihm möglicherweise eher das Gegenteil. Er hatte dasselbe Glitzern in den Augen, das sie bei gewissen Studenten, Professoren, Politikern und Direktoren bemerkt hatte, die den Campus besuchten. Dieses Glitzern verhieß Erfolg. Bloßer Ehrgeiz war ihr zuwider. Aber Viktor war anders. Es gab nichts an ihm, das ihr nicht gefallen hätte.

Die Angst entstand aus nichtigem Anlaß.

Soweit Ellen sie zurückverfolgen konnte, war die Ursache dafür Mrs. Greenes Sorge um ihre Sicherheit.

An jenem Morgen war Ellen wie gewöhnlich leise aufgestanden, um Viktor nicht zu stören. Nach ihrem Glas Orangensaft hatte sie die Lebensmittel herausgestellt, um ihm die Zubereitung seines Frühstücks zu erleichtern. Sie schnitt eine englische Teesemmel auf und legte die beiden Hälften in den Toaster. Sie maß den Kaffee für die Filtermaschine ab und legte zwei Eier auf die Anrichte. Für Viktor hatte sie eine Nachricht geschrieben: »Laß es dir schmecken, Schatz. Ich liebe dich.« Nachdem sie den Zettel an das Glas mit Erdbeermarmelade gelehnt hatte, zog sie ihren

Mantel an, nahm ihre Tragetasche und trat hinaus in die Dunkelheit.

Als sie den Park erreichte, begann ein schlimmer, alles durchnässender Regen zu fallen. Sie holte den leichten Hut aus ihrer Tasche und setzte ihn auf, aber er bot keinen Schutz gegen einen solchen Regenguß. Als sie Dr. Arnolds Haus erreichte, war sie bis auf die Haut naß.

»Sie sehen aus wie 'ne ersäufte Ratte«, tadelte Mrs. Greene, als sie Ellen hereinließ.

Sie nahm Ellens durchweichten Mantel und hängte ihn zum Trocknen auf. Sie gab ihr ein Handtuch für die Haare und ein Paar Pantoffeln; dann servierte sie den obligatorischen Kaffee.

»Ich versteh nicht, wie Sie auf dem kurzen Stück von der Bushaltestelle bis hierher so naß werden konnten.«

»Ich bin den ganzen Weg gelaufen. Ich gehe jeden Morgen.« Diese Neuigkeit verblüffte Mrs. Greene.

»Das ist das Verrückteste, was ich je gehört hab. Wissen Sie denn nicht, daß das gefährlich ist. Sie könnten überfallen oder ermordet oder vergewaltigt werden.«

»Es ist dunkel. Niemand kann mich sehen. Es dämmert kaum, wenn ich den Park erreiche. Niemand ist so früh unterwegs.«

»Die Tageszeit sagt überhaupt nichts. Man ist nie sicher – bei Tag oder bei Nacht –, wenn man allein durch die Straßen von Kingborough geht. Lesen Sie keine Zeitungen? Du lieber Himmel, haben Sie denn keine Augen im Kopf?«

Nachdem sie einmal so naß geworden war, legte Ellen immer einen Knirps und Stiefel in die Tragetasche, um sich künftig gegen unvorhergesehenen Regen schützen zu können. Aber eine seltsame Angst begann während des Morgenspaziergangs von ihr Besitz zu ergreifen, und die Entfernung von ihrem Wohnhaus bis zu Dr. Arnolds Grundstück schien sich in die Länge zu ziehen. Der Park war endlos, und seine Pfade bekamen unheimliche Kurven und Wendungen, die im Nichts endeten. Die zurückzulegende Strecke wurde ihr zur Tretmühle, und ganz egal, wie schnell sie den Abstand zwischen ihrem Heim und Dr. Arnold zurücklegte, er nahm zu. Kam sie schließlich an, mußte sie sich erst sammeln, bevor sie läuten konnte.

Mrs. Greene schien gleichermaßen besorgt. »Gott sei Dank, daß Sie da sind«, atmete sie jedesmal auf.

Das Haus, in dem Ellen und Viktor wohnten, wurde tadellos gewartet. Keinerlei Abfall verunreinigte die Flure, und die Briefkästen glänzten vom regelmäßigen Polieren. Vor den Wohnungstüren liegende Zeitungen waren der beruhigende Beweis für ständiges häusliches Leben; die geräumige Vorhalle war hell und frei von Eindringlingen. Aber wenn sie das Hausportal öffnete und den kurzen Weg zur Nebenstraße hinunterging, zögerte sie. Sie konnte sich nicht zum Weitergehen überwinden. Sie wollte zurücklaufen zu Viktor.

Doch Dr. Arnold brauchte sie. Wie dem auch sei, sie mußte zu ihm.

Jetzt dachte sie während dieser Morgengänge nicht mehr über den Verlust ihrer Tante, den bevorstehenden Tod von Dr. Arnold oder ihre Liebe zu Viktor nach. Ihre Ängstlichkeit tötete die Gemütsruhe, die sie dazu gebraucht hätte.

Es kam ihr vor, als ginge sie im Treibsand. Manchmal glaubte sie, ihr Herz müsse zerspringen durch die außerordentlich große Anstrengung, einen Fuß vor den anderen zu setzen. Dennoch mußte sie weiter.

Einmal sah sie den Schatten ihres Verfolgers; dann nahm sie wahr, daß es ihr eigener war, der die Form wechselte, während sie von einer Straßenlaterne zur nächsten ging.

Oder sie hörte Schritte hinter sich – jemand wollte sie gerade am Hals packen. Irgendwie brachte sie es fertig, sich umzudrehen, und sah einen Zeitungsjungen, der die Morgenausgabe auf eine offene Veranda warf.

Während dieser Angstzustände verlangte sie zu sterben. Sie hatte von Menschen gelesen, die den Tod so sehr fürchteten, daß sie Selbstmord begingen; früher war sie darüber erstaunt gewesen, jetzt wunderte sie sich nicht mehr.

Mrs. Greenes Warnung hatte in ihr ein krankhaftes Interesse geweckt. Früher hatte sie die Zeitungsmeldungen über Verbrechen höchstens flüchtig gelesen. Jetzt verfolgte sie jede noch so kleine Notiz über Mord, Vergewaltigung oder Raubüberfall in Kingborough; dabei achtete sie besonders darauf, wo die Verbrechen stattfanden, und erfuhr, daß die Straße, die sie morgens immer ging der Schauplatz vieler Überfälle war. Aber sie erfuhr auch, daß ihre Behauptung Mrs. Greene gegenüber stimmte: kein

Gangster war so früh am Morgen unterwegs. Ihre Route stellte zu dieser Stunde Niemandsland für Kriminelle dar. Die Gewalttätigkeiten passierten später am Tag oder in der Dunkelheit der Nacht. In Übereinstimmung mit Dr. Arnolds Arbeitsstunden war sie auf die magische Zeit gestoßen, in der Kingborough am sichersten war.

Trotzdem wurde ihre Angst nicht geringer. Statt dessen war sie davon überzeugt, daß ihr Glück nicht von Dauer sein könne. Am meisten Furcht empfand sie an einer Stelle, an der noch nie ein Verbrechen begangen wurde: am Parkrand, kurz bevor sie zu den Nebenstraßen hinüberwechselte, die hinter den großen, alten Häusern vorbeiführten.

Eines Morgens stutzte sie am Parkrand und konnte sich nicht dazu entschließen, die wenigen Schritte zu tun, die sie die Sicherheit des Seitenwegs erreichen lassen und zu Dr. Arnold führen würden. Sie blickte um sich und stellte überrascht fest, daß die Krokusse zu blühen begannen. An dieser sie bedrohenden Stelle wuchsen sie besonders üppig, und ihre unerwartete Schönheit half Ellens Furcht zu lindern.

An diesem Nachmittag, als Dr. Arnold und Ellen die verschiedenen Kapitel der Universitätsgeschichte zusammensuchten, sahen die beiden, daß das Werk praktisch fertig war. Einige kleine Korrekturen mußten noch gemacht, der Index sowie die Danksagungen geschrieben und die letzte Auswahl an Fotos und Gravierungen getroffen werden, aber das konnte jeder.

Dr. Arnold umarmte Ellen und rief zu Mrs. Greene hinunter, sie solle eine Flasche Champagner bringen. Sie tranken sich zu, und Dr. Arnold sagte, er hätte es ohne sie beide – Ellen und Mrs. Greene – nicht geschafft.

Am nächsten Morgen befand sich Ellen bereits im Park, bevor ihr bewußt wurde, daß sie während des ganzen Weges überhaupt keine Angst empfunden hatte. Sie staunte. Vielleicht war das Ende der Angst wie das Ende der Qual – so unerklärlich, daß man den genauen Zeitpunkt der Erleichterung nicht feststellen konnte. Sie sah mit Freuden, daß noch mehr Krokusse blühten. Hoffentlich würde es bald Frühling werden – noch vor der Rückkehr an ihren Arbeitsplatz auf dem Campus – und die Veilchen und Azaleen, für die der Park berühmt war, Blüten tragen.

Sie fühlte sich voller Schwung. Was hatte ihr eigentlich solche Angst gemacht? Hatte sie befürchtet, es würde ihr etwas passieren, bevor Dr. Arnold die Entwicklungsgeschichte hätte beenden können, und brauchte sie jetzt, da sie fertig waren, diese Sorge nicht mehr zu haben?

Den ganzen Tag arbeitete sie mit Dr. Arnold hart, aber mit Freude. Ellens Heiterkeit hielt auch noch an, als sie zu Hause eintraf und die Post durchsah. Es war nur ein Brief. Er stammte vom Rechtsanwalt ihrer Tante Martha und war kurz gefaßt. Der Verkauf des Grundbesitzes ihrer Tante war abgeschlossen, und das Geld stand zur Verfügung. Der Rechtsanwalt schlug vor, daß Ellen sich mit ihrem eigenen Anwalt oder einem Finanzberater wegen eventueller Investition beraten solle.

Ellen hatte niemals zuvor einen Anwalt benötigt. Wie gut, daß sie einen geheiratet hatte. Sie hoffte, Viktor würde sich über das Geld freuen. Sicher würde er streng spartanisch sagen, niemals einen Pfennig davon anrühren zu wollen. Sie fragte sich, ob es seinen Ehrgeiz wohl dämpfen würde, wenn er erfuhr, wie groß das Erbe war. Vielleicht sollte sie es gar nicht erwähnen. Aber das war ein Ding der Unmöglichkeit. Sie konnte aus soviel Geld kein Geheimnis machen.

Ellen las den Brief noch einmal. Es war eine Schande, daß all diese friedlichen Ländereien, die Tante Martha und vielen Familiengenerationen gehört hatten, jetzt umgebaut werden sollten. Das verschachtelte und anmutige Haus würde von unbekannten Leuten zerstört werden. Sie waren ja eigentlich gar nicht unbekannt – ihr Name stand im Brief: Martin Development Company. Sie hatte schon davon gehört. Unterstützten sie die Universität? Ihr Gehirn bestand aus einem Wirrwarr von Namen, seit sie mit dem Index zu Dr. Arnolds Geschichte begonnen hatte.

Sie brauchte Viktor nichts zu sagen. Sie konnte ihn einfach den Brief des Rechtsanwalts lesen lassen.

Sie durfte vor ihrem Mann kein Geheimnis haben.

Aber etwas hatte sie vor Viktor geheimgehalten. Ihre Angst in all diesen Morgenstunden, nachdem sie ihn schlafend zurückgelassen hatte und in die Dunkelheit hinausgegangen war. Sie hätte ihren Kummer mit ihm teilen sollen. Zwischen Liebenden sollte es keine Geheimnisse geben.

Heute nacht würde sie ihm von ihrer Angst und von dem Erbe

erzählen. Zuerst von der Angst.

Viktor rief an, daß er bis spät abends an einem Fall zu arbeiten habe, und bestand darauf, daß sie allein zu essen anfange. Doch er war schneller fertig als erwartet. Ellen hatte gerade die Nachspeise gegessen, als er eintraf. Er war sehr hungrig und aß das geschmorte Fleisch ohne zuzulassen, daß Ellen es nochmals aufwärmte. Sie freute sich über seinen Appetit. Lange Zeit saßen sie beim Kaffee, und Ellen holte den Brandy. Sie hatte ihm soviel zu sagen.

»Ich habe Angst gehabt, Liebling«, begann sie. »Jetzt nicht mehr. Jetzt kann ich darüber reden.«

Er hörte zu. Seine Aufmerksamkeit ermutigte sie zu Einzelheiten. Er hielt sie fest, und es war, als würde er sie auf ihrem Weg begleiten; sie nahm ihn mit hinter die Stadthäuser, durch die Slums in den Park und zögerte mit ihm am Rand des Parks, dort wo sie sich am meisten gefürchtet hatte.

Während dieser innigen Umarmung konnte sie Viktors Herz schlagen hören; er zog sie noch fester an sich und küßte sie. Ein paar Minuten später war er ein zärtlicherer, überzeugenderer Liebhaber denn je.

Er schlief noch, als sie am nächsten Morgen aufstand. Sein verkrüppelter Fuß hing unter der Decke hervor.

Ihr Spaziergang war friedlich. Die Angst hatte sie tatsächlich verlassen, und ihre Aufmerksamkeit teilte sich zwischen der Beobachtung und der Reflexion über ihr Leben und ihr Glück. Glücklich blickte sie in einen Hof, in dem ein Kamelienbusch blühte. Sie begann nach anderen Frühblütlern Ausschau zu halten und dachte mit Freude an die Krokusse am Parkrand.

Sie entsann sich der vergangenen Nacht mit Viktor und der Erleichterung, die sie empfand, als sie ihm von ihrer Angst erzählt hatte. Sie wollte ihm auch noch von Tante Marthas Geld berichten, aber das hätte ihr Bedürfnis nach Vereinigung gestört.

Viktor wußte wahrscheinlich ohnehin über das Geld ihrer Tante Bescheid. Natürlich mußte er davon wissen. Als sie den Brief vom Anwalt ihrer Tante las, war ihr der Name der Gesellschaft bekannt vorgekommen; jetzt erinnerte sie sich, warum. Für diese Gesellschaft hatte Viktor in Concord gearbeitet. Zweifellos wußte er schon lange von deren Interesse an dem Grundstück. Also brauchte sie ihm kein Geheimnis erzählen, außer daß alles abgeschlossen war, und ihnen das Geld zur Verfügung stand.

Jetzt hatte sie sich dem Park genähert und sah überrascht, daß jemand dort stand. Vielleicht war es einer der Anwohner, der seinen Hund ausführte, obgleich sie noch nie jemanden hier getroffen hatte. Aber jetzt wurde es früher hell, und zweifellos würden hier bald Passanten und Radfahrer anzutreffen sein.

Der Mann wandte ihr den Rücken zu und rührte sich nicht. Ellen fragte sich verwundert, ob er ihre Schritte hören konnte. Sie wollte ihn nicht erschrecken. Der Weg war hier sehr schmal, und er würde beiseite treten müssen, um sie vorbeizulassen. Ellen befand sich jetzt ganz nah und sagte Guten Morgen, aber er antwortete nicht. Dann drehte er sich langsam um und schaute sie an.

Doch er besaß kein Gesicht.

Sie wollte zu Viktor. Sie brauchte ihn. Sie rief seinen Namen.

Sie mochte ein Zauberwort gesprochen haben. Der Fremde vor ihr taumelte, als wäre das Wort obszön. Sie hatte fasziniert von den Verkleidungen gelesen, die Diebe und Angreifer trugen. Die Vorsichtigen waren maskiert und trugen Handschuhe. Das Gesicht des Mannes vor ihr war maskiert und durch einen Strumpf plattgedrückt. Er trug Fausthandschuhe, die seine Hände zu Handpuppen machten. Und diese Puppen bewegten sich auf ihren Hals zu.

All ihre Ängste und Schrecken während der dunklen Morgenwanderungen hatten auf diesen letzten schrecklichen Augenblick hingedeutet, aber der Griff um ihren Hals war härter und grausamer, als sie es sich jemals vorgestellt hatte.

Kurz bevor sie tot zu Boden fiel – mitten zwischen die blühenden Krokusse – erhaschte sie einen Blick auf dieses Wunderwerk der Schuhmacherkunst, das Viktors verkrüppelten Fuß tarnte.

Originaltitel: FEAR. 11/77

Carroll Mayers

Bankgeschäfte

Abwechselnd schluchzend und fluchend steuerte Harry Lowe
seinen sich auf die Seite legenden Wagen um ein seinen Weg
kreuzendes Taxi. Hupen schrillten, Bremsen quietschten, Schreie
wurden laut. Harrys um das Steuer gekrampfte Knöchel waren
weiß; er trat das Gaspedal durch. Vor ihm lag eine drei Straßen
lange, freie Strecke.

Er hatte alles verpatzt! Er selbst würde wahrscheinlich davon-
kommen – die Ampeln und den Verkehr für diese Nachmittags-
stunde hatte er sorgfältig geprüft, und er war ein geschickter
Fahrer – aber trotzdem war das ganze Geld hin. Mindestens
zwanzig, dreißig Riesen. Schon in der Hand.

Mit seinen zweiundvierzig Jahren und den langsamer werden-
den Reflexen gehörten bewaffnete Raubüberfälle nicht zu Harrys
Favoriten; raffinierte Betrügereien waren mehr seine Spezialität.
Aber er wollte einen wirklich großen Coup landen, und die
Friendly Finance Company wirkte wie ein Stück Kuchen. Er hatte
die Räumlichkeiten und das Personal – kurz den ganzen Betrieb –
eine Woche lang beobachtet. An diesem Nachmittag hob sich der
Vorhang.

Zuerst klappte alles tadellos. Zwei Kunden und drei Bankange-
stellte wurden von der drohenden 38er eingeschüchtert. Der
furchtsame Geschäftsführer warf eigenhändig Geldbündel mit
hohem Nennwert in Harrys Flugtasche. Großartig. Harry war
herumgewirbelt, aus dem Gebäude gestürzt und kopfüber auf den
Gehsteig gepurzelt, als er sich unerwartet seinen rechten Knöchel
verdrehte. Die Geldtasche war seinem Griff entglitten, ungefähr
einen halben Meter in die Straße hineingeschlittert und unter
einem Bus verschwunden, der im Verkehr steckengeblieben war.

Wütend hatte er sich aufgerappelt. Hinter ihm entstand ein
Höllenlärm. Rund um ihn herum flitzten Fußgänger in alle Richtungen, als sie den Revolver erblickten, den er noch immer mit
der freien Hand umklammert hielt. Der Omnibus fuhr nicht
weiter. Harry torkelte ins Auto, das er an der Ecke geparkt hatte,
und schoß in den Verkehr der Querstraße. Verdammt, oh, verdammt!

Als er wieder klar denken konnte, verlangsamte er das Tempo etwas, bog in eine Autobahn ein, die die Stadt eine kurze Strecke umkreiste, und wich dann auf Nebenstraßen aus. Sein Mißgeschick nagte noch an ihm, aber es vernebelte nicht seinen scharfen Verstand. Bald würde er diese Karre loswerden müssen; ein aufmerksamer Passant könnte Aussehen und Zulassungsnummer notiert haben, und das würde die mit Funkgeräten ausgerüsteten Polizeistreifen im ganzen Land mobilisieren. Doch für eine Weile konnte er etliche Kilometer auf diesen unbelebten Straßen wagen.

Die Stadt Benton war eine schmucke, kleine Gemeinde mit einer Reihe von Geschäften, einem Kino, einer Bank und einem Gasthaus, die sich alle um den Marktplatz drängten. Harry war müde, und von seinem Knöchel stiegen jetzt schmerzende Stiche die Wade hinauf. Er überlegte, ob er sich nicht einen Tag oder so in dem Wirtshaus verkriechen sollte, aber schließlich fuhr er doch durch. In dieser Umgebung würde er bloß Verdacht erwecken.

Drei Kilometer weiter gelangte er an das Bauernhaus.

Der Platz schien verlassen. Das Haus lag schön zurückgesetzt von der Straße am oberen Ende einer leichten Anhöhe. Offensichtlich war es einst ein imposantes Gebäude gewesen: mit einer ausgedehnten Vorder- und Seitenveranda, Giebelfenstern und einem turmartigen Dach. Jetzt ließen abblätternde Farbe, schiefes Gebälk und mit Unkraut überwucherter Vorgarten darauf schließen, daß es leerstand.

Harry verlangsamte seine Fahrt und betrachtete das Bauernhaus mit zunehmender Begeisterung. Das war genau das, was er suchte. Er konnte von der Straße herunter und hier die Nacht, vielleicht sogar den ganzen morgigen Tag verbringen. Das Einbrechen würde kein Problem darstellen.

Er holperte die mit Furchen durchzogene Straße hinauf und fuhr das Auto hinters Haus, wo es von der Straße aus nicht gesehen werden konnte. Seinem Knöchel Hilfestellung leistend stieg er aus dem Wagen. Als ihn die Stimme einer Frau erreichte, erstarrte er.

»Sind Sie verletzt?«

Harry drehte sich um. Die Rückseite des Hauses bildete eine kleine, überdachte Vorhalle; die Frau stand im Türrahmen und betrachtete ihn neugierig. »Sind Sie verletzt?« fragte sie noch einmal.

Verdammt! Das Haus stand gar nicht leer! Harrys Verstand arbeitete hektisch, während er ein kleines Lächeln zustande brachte. »Ich – hab mir nur den Knöchel ein bißchen verknackst.« Um seine Anwesenheit zu kaschieren, deutete er auf das Auto und fügte hinzu: »Ich fragte mich, ob ich hier wohl etwas Wasser für meinen Kühler bekommen könne?«

»Natürlich.« Die Frau war in den späten Fünfzigern, hatte graues Haar und wirkte zart, fast zerbrechlich. Ihre Bewegungen waren jedoch schnell und entschlossen – und hinter den dicken Brillengläsern blickten ihre blauen Augen heiter und aufgeweckt. »Jetzt bewegen Sie sich mal nicht so viel. Ich werde es holen –«

Augenblicke später war sie mit einem bis zum Rande gefüllten Eimer zurück. Harry öffnete die Motorhaube und schirmte den bereits vollen Kühler mit seinen Schultern ab, während er es fertigbrachte, den größten Teil des Eimerinhalts als scheinbaren Überfluß auf den Boden zu schütten. Seine Gedanken jagten sich.

»Ich bin Ihnen wirklich sehr dankbar, Frau –?«

»Fräulein«, verbesserte sie. »Fräulein Wilma Hadley. Das ist doch überhaupt nicht der Rede wert.«

»Dennoch.« Als er seine Stellung veränderte, um den Eimer niederzustellen, winselte Harry sichtbar, dann schenkte er Fräulein Wilma einen unsicheren Blick. »Ich heiße George Lukens«, stellte er sich vor, »und ich – ich hasse es, mich aufzudrängen, aber glauben Sie, ich könnte mich vielleicht ein bißchen ausruhen?«

»Natürlich!« Ihre Zustimmung erfolgte augenblicklich. »Kommen Sie, lassen Sie mich Ihnen helfen.«

Fräulein Wilma stützte ihn und führte Harry ins Haus. Sie setzte ihn auf ein altes Mohairsofa in der Diele und holte eine Schüssel mit kaltem Wasser sowie einen Waschlappen für seinen Knöchel.

Harry war dankbar für ihre Dienstleistungen. Der Fuß schmerzte – außerdem hatte er dadurch Gelegenheit, seine Masche abzuziehen.

Er holte tief Luft. »Das tut gut«, seufzte er. »Bloß ein Weilchen möchte ich mich hier ausruhen, wenn ich darf –«

»Unsinn«, erwiderte Fräulein Wilma. »Sie bleiben zum Abend-

essen, Mr. Lukens. Das Bein ist noch immer ganz schön ge-
schwollen.«

Harry triumphierte. Neben der Tatsache, daß sie eine gute
Samariterin war, schien Fräulein Wilma als alte, allein lebende
Jungfer Gesellschaft zu lieben. Die Einladung zum Abendessen
würde ihn für den frühen Abend von der Straße fernhalten. Wenn
er seine Karten richtig ausspielte – den Gentleman mimte und
überzeugend humpelte – konnte die Zeitspanne vielleicht ausgedehnt werden.

So wie sich die Sache entwickelte, war zusätzliches Humpeln
gar nicht nötig. Fräulein Wilma besaß keinen Fernsehapparat,
aber in der Küche stand ein kleines Radio; nachdem sie ihr
bescheidenes Mahl aus kaltem Huhn, schnell zubereitetem Salat
und Tee beendet hatten, deutete sie mit einer Kopfbewegung auf
das Gerät und bemerkte einfach: »Ich habe von Ihrem Mißgeschick heute nachmittag gehört.«

Harrys Herz machte einen Sprung. »Wie?«

»Von dem Überfall auf die Finanzgesellschaft in der Stadt«,
sagte Fräulein Wilma, »und wie Ihnen die Geldmappe unter
einem Bus verlorenging. Es wurde bei den Nachrichten durchge-
geben. Man beschrieb Sie und erwähnte, daß Sie sich dabei den
Knöchel verstaucht hätten.«

Ihre Ruhe verblüffte Harry. Er fühlte, daß Leugnen sinnlos
wäre. Vielmehr war die Frage, warum die Frau ihr Wissen nicht
eher bekanntgegeben hatte. Und warum fürchtete sie sich jetzt,
da sie es zur Sprache gebracht hatte, nicht vor ihm.

»Ich wollte Ihnen meine Hochachtung ausdrücken, Mr. Lukens
– oder wie immer Ihr richtiger Name lautet. Ein Jahr lang suche
ich jetzt nach einem Mann – dem richtigen Mann – für meinen
Vorschlag. Ich glaube, Sie hat mir der Himmel geschickt.« Sie
machte eine Pause und fügte temperamentvoll hinzu: »Sie verstehen, ich will Ihnen sagen, wie Sie die Bank in der Stadt überfallen
können.«

Harrys Kiefer klappte nach unten. Fräulein Wilma war die
Verkörperung einer pensionierten Bibliothekarin oder einer
Sonntagsschullehrerin – nicht eine Vorschub leistende, einen
Banküberfall vorschlagende Frau. Das war lächerlich!

»Mir was sagen?« platzte er heraus.

»Wie Sie die hiesige Bank überfallen können«, wiederholte sie gelassen.

»Ursprünglich bewirtschafteten meine Schwester und ihr Mann dieses Land. Als sie starben, kam ich her und übernahm es. Es war schwer, und ich bin es müde, mich abzumühen und trotzdem alles verkommen zu sehen. Ich will weg und ein bißchen leben. Und der schnellste Weg dazu ist meiner Meinung nach, die Bank auszurauben.«

»Aber das ist verrückt«, meinte Harry. »Warum glauben Sie, daß ich so etwas versuchen würde? Ich mein, ich hab heute bei der Finanzgesellschaft mit meinen Prinzipien gebrochen, und Sie sehn, was dabei herausgekommen ist –.«

»Das war ein Unfall«, antwortete Fräulein Wilma. »In Benton wird nichts Derartiges passieren. Dort gibt es keinen Verkehr, keine Probleme. Sie können hierher zurückschwirren und sich verstecken, wie Sie es geplant haben, als Sie das Grundstück noch verlassen wähnten. Anschließend können Sie mit einem kleinen Vermögen abhauen, und ich werde auch Geld haben.«

Harry betrachtete sie ungläubig. »Ich bleib dabei, es ist verrückt.«

Sie beugte sich eifrig vor. »Nein, das ist es nicht«, widersprach sie, »und ich werde' Ihnen sagen, warum. Die Bank ist wie die ganze Stadt: schwerfällig und gleichgültig. Keine Alarmanlage oder versteckte Kameras. Nur ein einziger Wachmann, und sogar den wollen sie wegen seines Alters abschaffen. Ich verspreche Ihnen, daß alles glattgehen wird.«

Fräulein Wilmas Vertrauen wirkte ansteckend. Gegen seine Überzeugung begann Harry die Dummheit zu überdenken. Warum schließlich nicht? Die Stadt machte wirklich den Eindruck wie das reinste Hicksville; der Job mochte tatsächlich ganz einfach sein. Und während sich Fräulein Wilma eine gerechte Teilung ausmalte, was hielt ihn zurück davor, die ganze Beute zu behalten? »In Ordnung«, kapitulierte er. »Ich bin Ihr Mann.«

Fräulein Wilmas Augen tanzten. »Ausgezeichnet! Morgen!«

»Oho«, dämpfte Harry ihren Eifer. »Zuerst will ich eine kleine Nachforschung auf eigene Faust unternehmen.«

Am nächsten Morgen fuhr Harry in die Stadt; seine ausführliche Inspektion fiel zufriedenstellend aus. Die Bürger von Benton schienen alle nur mit zwei Geschwindigkeitsstufen ausgerüstet zu sein – langsam und noch langsamer –, und die Bank selbst war genauso, wie Fräulein Wilma sie dargestellt hatte. Der einzige Wachmann, ein behäbiger, alternder Typ namens Wilbur Etwas-oder-anders, verdiente zweifellos die erzwungene Pensionierung und schien im Falle ernster Schwierigkeiten dazu fähig, sich selbst ins Bein zu schießen.

»Ich bin zufrieden«, erklärte Harry bei seiner Rückkehr. »Morgen nachmittag pack ich's.«

»Fein!« freute sich Fräulein Wilma. »Jetzt gehe ich einkaufen. Ich bringe uns eine Flasche Wein mit – zum Feiern.«

Planmäßig spazierte Harry in die Bank. Unglücklicherweise kam er trotz der 38er in seiner Hand niemals dazu, irgendwelche drohenden Forderungen auszusprechen. Kaum überschritt er die Schwelle, tauchte auch schon der alte Wachmann leise hinter ihm auf und schmetterte Harry seinen Dienstrevolver über den Schädel.

Als Harry wieder zu sich kam, befand er sich in der Obhut des Sheriffs. Nachfolgende Forschungen brachten ihn mit dem Raub-überfall in der anderen Stadt in Zusammenhang. Die beiden kriminellen, wenn auch profitlosen Raubzüge würden ihn sehr wahrscheinlich für einige Zeit aus dem Verkehr ziehen.

Fräulein Wilma und ihr Gast sprachen an diesem Tag beim Abendessen über die Scharade.

»Als er vorfuhr, und ich erkannte, wer er war, kam mir der vollständige Plan in den Sinn«, sagte Fräulein Wilma.

Wilbur Etwas-oder-anders (in Wirklichkeit Peterson) spießte ein Stück selbstgemachte Apfelpastete auf. »Es ist kaum zu glauben, daß er den Gedanken akzeptierte, dich bei einem Bank-überfall zu unterstützen.«

»Gott sei Dank tat er es«, entgegnete Wilma.

Wilbur bemerkte sachlich: »Ich bin dir sehr dankbar, Wilma, daß du vorbeigekommen bist und mir rechtzeitig einen Tip gege-ben hast. Es, nun, es hat mich gut hingestellt.«

»Dann wirst du also nicht gezwungen, dich pensionieren zu lassen?«

»Nein. Mr. Gantry, der Geschäftsführer, sagte, er habe mich falsch beurteilt. Mein – wie er es ausdrückte, sofortiges und entschlossenes – Eingreifen habe bewiesen, daß ich noch einsatz-fähig sei. Er sicherte mir meinen Posten zu, solange ich ihn selbst wolle.«

»Das ist großartig«, sagte Fräulein Wilma. »Aber denke daran, daß das unser kleines Geheimnis ist.«

»Ich werd's mir merken«, versprach Wilbur.

Während sie den Tisch abräumte, summte Fräulein Wilma zufrieden vor sich hin. Wer durfte behaupten, daß eine lebenslängliche alte Jungfer ihren Sinn nicht ändern konnte, wenn der richtige Mann kam? Alternd mochte er sein und übergewichtig, aber er erschien ihr noch immer anziehend genug, daß sie nicht nur für seine weitere Anstellung und sein Selbstbewußtsein, sondern auch für eine gemeinsame Zukunft Pläne schmiedete. Was letzteres betraf, alles zu seiner Zeit.

Originaltitel: BANK JOB. 11/77

John Lutz

Ausverkauf

Harold Turnquist und seine Frau Marie gingen schon sehr früh zum Ausverkauf in Savingtons Warenhaus, aber dennoch waren Tausende vor ihnen da. Die frische Herbstluft hatte sie herausgelockt.

Für diesen Winter wurden sogar noch kältere Temperaturen vorhergesagt als letztes Jahr, in welchem in New York allein über zehntausend Menschen erfroren. Und jetzt gab es noch weniger Brennstoff fürs Gartenfeuer oder für die behelfsmäßigen, mit Holz beheizbaren Öfen. Die Turnquists machten sich keine Illusionen darüber, was die nächsten paar Monate für sie bereithielten; sie hatten die Hälfte ihrer Möbel und den gesamten Teppichstoff während der unter Null liegenden Temperaturen vom letzten Februar verbrannt.

Turnquist war es gelungen, vorübergehend Arbeit zu finden, und sie besaßen etwas Bargeld, das die Inflation nicht vernichtet hatte. Sie gehörten zu den Glücklichen, die sich hier bei Savingtons jährlichem, vorwinterlichen Ausverkauf`etwas aussuchen konnten.

Turnquist und seine Frau würden beide in der Lage sein, einen Mantel zu erwerben, wenn sie den dritten Stock der Verkaufsräume erreichen konnten, bevor alles ausverkauft war. Sie würden nehmen, was sie vor der durchdringenden Kälte schützen konnte, obgleich Turnquist den knöchellangen, mit synthetischem Fell gefüllten Übermantel, der letzten Monat in der Zeitung für 2 599,99 Dollar ausgeschrieben war, bevorzugen würde; Marie wünschte sich den flotteren, mit Papierschnitzel gefüllten, abgesteppten und knielangen Mantel – mit einem Kragen aus imitiertem Kaninchenfell. Er kostete 3 999,99 Dollar, aber derzeit war Damenbekleidung teurer als die von Männern.

Eine Stunde vor der Öffnungszeit um zehn Uhr standen hinter den Turnquists genausoviel Menschen wie vor ihnen. Die schweigsame, melancholische Menge drückte sich wie eine von unkontrollierbaren Kräften eingedämmte Flut zusammen. Turnquist machte es nichts aus. Er war dankbar für die Wärme.

Marie, eine kleine, aber kräftige Frau mit heiteren, braunen

Augen und kurzem, graugesprenkeltem Haar, beabsichtigte den Ausverkauf allein zu besuchen, bis ihr einfiel, daß sie Harolds Mantel während des Sommers zum Kochen verheizt hatten, als die Kälte noch in weiter Ferne und das kleinste ihrer Probleme zu sein schien.

Aber jetzt war Oktober, und sie standen in der grimmiger werdenden Kälte und warteten darauf, daß Savingtons dem Ansturm der Käufer die Pforten öffnete. Turnquist legte tröstend eine Hand auf die Schulter seiner Frau und spähte zwischen den ungeschorenen Köpfen der vor ihnen stehenden Menschen auf die große Uhr über dem Eingang. 9.15 Uhr. Er und Marie lagen gut im Rennen. Wenigstens einem von ihnen sollte es gelingen, die Mantelabteilung zu erreichen.

Turnquist hatte unklare Gerüchte über den Schlußverkauf vom letzten Jahr vernommen; etwas über ein Dutzend Menschen wurden bei dem Ansturm zu Tode getrampelt; ihre Leichen holte niemand ab und wurden vergessen. Nun, er glaubte daran, als er die zunehmende erwartungsvolle Spannung derer um sich herum gewahrte. Das Leben wurde nicht länger als wertvoll erachtet. Für ein paar Leute war es Bestimmung, verletzt oder getötet zu werden. Und da es dann um so weniger geben würde, um die schwindenden Lebensmittel aufzuessen und die immer geringer werdenden Energiequellen zu erschöpfen, würde das Leben einfacher werden.

»Warum können die nicht früher aufmachen?« stöhnte eine rothaarige Frau neben Turnquist. Selbst in der kalten Luft schwitzte sie, ihr Gesicht glühte und war angespannt, während sie nach vorn auf die riesigen, scheinbar bewegungslosen Uhrzeiger oben an der Steinfassade des Warenhauses starrte.

Bewaffnete Wachleute spähten jetzt aus den Fenstern der höhergelegenen Stockwerke. Oberbekleidung würde der einzige Artikel sein, den man bei Savingtons zum Verkauf anbot, die einzige geöffnete Abteilung. Jeder, der andere Waren berührte oder durch die Ketten in das Sperrgebiet drang, würde sofort erschossen werden. Jedermann verstand das. So lauteten die Verkaufsbedingungen.

An einem der Fenster im zweiten Stock erschien ein Mann in Anzug und Krawatte mit einem schäbigen, elektrischen Lautsprecher, den er an die Lippen hob. »DER VERKAUF BEGINNT

IN FÜNF MINUTEN!« verkündete er mit nasaler, elektrisch verstärkter Stimme, die über die wogende, tausendköpfige Masse getragen wurde. »WIR ERKENNEN IHRE GEDULD AN UND SIND SICHER, DASS SIE BEI SAVINGTONS ZUFRIEDENGESTELLT WERDEN!« Dann zog er sich zurück, und das Fenster wurde geschlossen.

»Hol ihn der Teufel!« schimpfte ein stämmiger, langsam kahl werdender Mann neben Turnquist. »Er hat keine Schwierigkeiten, Kleider zu bekommen. Oder Lebensmittel oder Brennstoff oder sonst was. Das könnte sogar der alte Savington selbst gewesen sein.«

»Was soll er denn Ihrer Meinung nach machen«, fragte ein anderer ärgerlich, »sein Geschäft aufgeben? Wo sollen wir dann kaufen, was wir brauchen?«

»Wir würden es stehlen, so wie er. Nur glaube ich, daß wir dabei gegen das Gesetz verstoßen würden.«

»Das Ärgerliche an der Sache ist«, sagte die schwitzende, rothaarige Frau, »daß es nur noch bei den Reichen was zum Stehlen gibt; und die wissen, wie sie es sich erhalten können.«

Der große, schwarze Uhrzeiger taumelte eine letzte, übertrieben große Sekunde vorwärts und zeigte direkt nach oben. Die Menge wurde so still, daß Turnquist Unbehagen beschlich.

Vor ihm wurden breite Türen geöffnet. Das Murmeln schwoll an wie etwas, das aus großer Entfernung rasch näher kam; es endete in Gebrüll, und die Menge stürzte vorwärts; Kriegsgeschrei, Stöhnen, Flüche und das Kratzen der Sohlen auf dem harten Zementboden erfüllten die Luft. Turnquist und Marie wurden von hinten vorwärts gedrängt, und beide griffen nach der Hand des anderen, um zusammenzubleiben. Sie wurden durch die Menge voneinander getrennt und dann wieder vereint, als der Kundenstrom von den offenen Warenhaustüren aufgesogen wurde.

Turnquist sah einen Mann fallen und nicht mehr hochkommen. Während man ihn und Marie bis zur Atemlosigkeit zusammenpreßte und durch den Türeingang zwängte, wurde eine Frau neben ihnen gegen den Metalltürenrahmen gestoßen; sie drehte sich herum und taumelte gekrümmt und ihre Schulter umfassend weiter. Bewaffnete Wachtposten standen auf Plattformen und dirigierten die Menschen zu steil aufragenden, außer Betrieb gesetzten Rolltreppen. »DIREKT GERADEAUS UND NACH OBEN!« kommandierte eine elektronisch verstärkte Stimme. »DIREKT GERADEAUS UND NACH OBEN, BITTE! WIR SIND SICHER, DASS SIE BEI SAVINGTONS ZUFRIEDEN-GESTELLT WERDEN!«

Turnquist und Marie schafften es, auf dem Weg die steile, metallene Rolltreppe hinauf zusammenzubleiben. Einmal stieß sich Turnquist empfindlich seine Zehe an, aber er ignorierte den Schmerz und kletterte weiter, wobei er sich einen Augenblick lang vom Strom der Menge treiben ließ. Ein Mann fiel oben von der Treppe; sein Körper schlug gebrochen und schlaff auf das Gummigeländer, bevor er in das Sperrgebiet der ersten Etage fiel.

Im dritten Stock trennten sich Turnquist und Marie absichtlich. Das war die einzige Möglichkeit, die von ihnen gewünschten Mäntel zu finden, bevor der Vorrat erschöpft war. Turnquist erkämpfte sich mit Hilfe seiner Ellenbogen den Weg in die Richtung, in die ein großer, roter, an einer Wächterplattform hängender Pfeil zeigte. Vor ihm lagen die Mäntel. Ellenbogen und Schultern wirbelten durcheinander, während die Warenstapel verzweifelt nach annehmbaren Größen durchsucht wurden.

Turnquist hatte Glück. Er zwängte sich in eine Lücke vor dem beladenen Verkaufstisch und fand einen Mantel, der nur zwei Nummern zu groß war. Während er den zusammengeballten Mantel an sich preßte – gleich einem Verteidiger, der einen Fußball ins Vorderfeld bringt –, drehte er sich um, senkte den Kopf und war mit drei schnellen Schritten dem Tumult um den Ladentisch entronnen. Er ging in Richtung Kasse, um dort auf Marie zu warten.

Aber das durfte er nicht. »BITTE HIER ZAHLEN. WEITER-GEHEN!« wiederholte eine krächzende, elektronische Stimme. Turnquist gehorchte; er hatte das Geld bereit und übergab es einem ausdruckslos dreinblickenden Angestellten hinter dem Kassenschalter.

Den Mantel, den er bisher noch nicht einmal genau gemustert hatte, noch immer an sich pressend, wurde Turnquist höflich, aber bestimmt zur Abwärtsrolltreppe dirigiert.

Innerhalb weniger Minuten fand er sich im ersten Stock wieder. Dort ertönten weitere lautsprecherverstärkte Anweisungen. Er drehte sich um, um die bevölkerte Treppe nach Marie abzusuchen, wurde jedoch mit Stößen und Stupsern weitergetrieben und stand bald außerhalb von Savingtons Seitenausgang auf der Straße.

Gegen einen Stahlpfosten gelehnt, verrenkte sich Turnquist den Hals, um die herausströmenden Kunden sehen zu können. Marie sollte doch irgendwo unter diesen verdutzten Gesichtern auftauchen.

Dann stand sie plötzlich neben ihm.

»Harold«, sagte sie, »schau!« Sie hielt nicht einen, sondern zwei Mäntel hoch. Sie hatte es fertiggebracht, für ihre achtjährige Tochter Lara gleichfalls einen zu ergattern. Jetzt konnten sie Laras zerfetzten, alten Mantel als Brennmaterial verwenden.

Turnquist grinste, faßte Marie bei der Hand, und sie fochten sich ihren Weg durch die Menge, die sich vor dem Ausgang zu bilden begann.

Glücklich traten sie ihren Neun-Kilometer-Marsch zurück nach Hause an.

Vor dem kalten, steinernen Kamin im Wohnzimmer sitzend, prüften sie die Mäntel.

Der von Turnquist war aus einem fadenscheinigen, seltsamen, synthetischen Leder und schien warm genug, obwohl er keinen Kragen besaß und zwei Knöpfe fehlten. Turnquist wollte dies eben Marie zeigen, verstummte jedoch, als er den ärgerlichen und enttäuschten Ausdruck auf ihrem Gesicht bemerkte. Der Mantel, den sie für Lara erstanden hatte, war arg zerrissen. Fast die ganze Isolation aus Papierschnitzel war herausgefallen, und das dünne Futter hing nutzlos und unreparierbar herunter.

»Du mußt irgendwo hängengeblieben sein«, meinte Turnquist.

Marie schüttelte den Kopf, und ihr Gesicht verfärbte sich vor Zorn. »Bin ich nicht! Ich war vorsichtig! Er muß schon so gewesen sein, als ich ihn kaufte. Ich hab ihn gar nicht auseinandergefaltet. Es blieb mir nur die Zeit, auf die Größe zu schauen.« Sie legte den Mantel entlang seiner Risse sauber zusammen. »Der muß zurück, Harold. Vielleicht tauschen sie ihn um.«

Turnquist war nicht sicher, ob man bei Savingtons den Mantel umtauschen würde, selbst wenn man sich dort so etwas wie einen Reservevorrat hielt. Aber es hatte keinen Zweck, Marie noch mehr zu erregen.

»Ich werde ihn morgen zurücktragen«, sagte er.

Als sich Turnquist am nächsten Nachmittag Savingtons näherte, schien der vierstöckige Ziegelsteinbau praktisch verlassen. Nur ein uniformierter Sicherheitsposten stand an der Tür und tippte höflich an den Schirm seiner Mütze, als er Turnquist sah. Turnquist lächelte zurück. »Ich möchte etwas umtauschen«, sagte er. »Wo muß ich da hingehen?«

Der Wachmann schaute ihn für einen Augenblick höchst sonderbar an, dann zuckte er die Schultern. »Zweiter Stock Ost.«

Turnquist bedankte sich, klemmte den zusammengefalteten Mantel fest unter den Arm und schob sich durch die Doppeltür.

Der zweite Stock wirkte wie ausgestorben; nur links zwischen den leeren Ladentischreihen bewegte sich etwas. Turnquist schlug diese Richtung ein und entdeckte einen kleinen, schmächtigen Mann in einem dunkelblauen Anzug.

Der Mann lächelte bei Turnquists Nähertreten frostig. »Kann ich Ihnen helfen?« fragte er. Seine Gesichtsfarbe wahr fahl, sein dunkler Schnurrbart fast lächerlich kläglich.

»Ich möchte den hier umtauschen«, erwiderte Turnquist und hielt den zusammengelegten Mantel hoch. »Er war schadhaft, als wir ihn kauften.«

Der Mann wurde ernst, fuhr sich mit dem Knöchel leicht über seinen spärlichen Schnurrbart, nahm Turnquist den Mantel ab und faltete ihn auseinander. »Wie können Sie wissen, daß das nicht nach dem Kauf passiert ist, Sir?«

»Nun, Sie sehen doch, daß er niemals getragen worden ist; die Schilder sind noch dran.«

Das Lächeln kehrte langsam in die blassen Gesichtszüge zurück, als würde vor Turnquists Augen ein Foto entstehen. »Sind Sie sicher, daß Sie diesen Gegenstand hier erworben haben, Sir?«

»Natürlich. Gestern. Wo sonst hätte ich ihn kaufen sollen?«

Das Lächeln blieb. »Ich weiß es nicht, Sir.« Er gab den Mantel zurück. »Ich bedaure.«

»Sie wollen ihn nicht umtauschen?«

»Es tut mir leid, Sir.«

Während er auf das stete Lächeln des Mannes schaute, begann sich in Turnquist heiß der Ärger zu regen. Und der Neid. Es mußte leichtfallen, so distanziert und kühl zu sein, wenn man zu den Glücklichen mit einem Einkommen zählte. »Angenommen, ich fordere den Umtausch?« Turnquist machte eine Vorwärtsbewegung, die er für eine Spur drohend hielt.

Das Lächeln flackerte, blieb. »Ich habe keine Befugnisse, Sir. Sie müssen den Geschäftsführer aufsuchen, Mr. Mallory. Er befindet sich in der Nähe der Sportabteilung, dritter Stock.«

Turnquist ging.

Innerhalb kürzester Zeit wurde er in Mallorys Büro gebeten. Es war überraschend luxuriös – mit dicken, blauen Teppichstoffen, schweren Vorhängen und einigen Aktenschrankreihen, die man in einem kleinen Zimmer hinter Mallorys grauem Metallschreibtisch sehen konnte. Mallory selbst war ein strahlender, untersetzter Mann in dunklem Anzug. Sein Lächeln schien aufrichtig.

»Mr. Gorham hat mich angerufen«, sagte er, kaum daß Turnquist sich vorgestellt hatte. »Er teilte mir mit, daß Sie etwas umtauschen wollen.«

Turnquist stand vor dem Schreibtisch; er war entschlossen, sich nicht einschüchtern zu lassen, und nickte. »Diesen Mantel. Er war zerrissen, als meine Frau ihn gestern kaufte.«

»Das haben Sie doch alles schon bei Mr. Gorham vorgetragen, nicht wahr?«

»Nicht zu meiner Zufriedenheit.«

Mallory lehnte sich in seinem gepolsterten Sessel zurück. »Ich verstehe – « Sein Grinsen wurde breiter, und er schüttelte den Kopf, als wollte er sich selbst daran erinnern, nachsichtig zu sein. »Ich fürchte, unsere Geschäftspolitik sieht keinen Umtausch vor, Mr. Turnquist.«

»Dann eine Rückvergütung.«

Mallory zuckte die muskulösen Schultern. »Das ist gleichfalls gegen die Regel. Ich würde Ihnen gerne helfen –«

Nun ließ der Zorn Turnquists Herz hämmern; seine Halsmuskeln zogen sich zusammen, so daß er sich zum Sprechen zwingen mußte. »Wer macht diese idiotischen Bestimmungen?«

Mallory hob den Kopf, als wäre er überrascht, daß Turnquist diese Frage überhaupt zu stellen brauchte. »Natürlich Mr. Savington, Sir.«

»Dann würde ich gern mit ihm reden.«

Mallory lehnte sich zurück, starrte Turnquist an und schnalzte nachdenklich mit der Zunge. Er ließ seine Finger über das glatte Revers seines Anzugs gleiten. Turnquist fragte sich, wieviel ein Anzug wie dieser wohl kosten mochte – Fünf-, zehntausend Dollar? Er schämte sich plötzlich seiner eigenen fleckigen und schäbigen Kleidung.

Schließlich seufzte Mallory und richtete sich auf. Er hob den Telefonhörer ab, drückte auf einen Knopf und begann jemandem die Situation zu erklären. Nach einer langen Pause legte er den Hörer wieder auf die Gabel.

»Mr. Savington wird Sie empfangen«, sagte er. »Er befindet sich im vierten Stock. Sie können den Aufzug benützen.«

Turnquist fühlte sich besser, als er aus Mallorys Büro trat. Eine Beschwerde beim obersten Mann zahlt sich immer aus. Man hatte sogar den Hilfsstrom eingeschaltet, um ihm die Benützung des Fahrstuhls zu ermöglichen; sicher würde man ihm den Kaufpreis für den Mantel zurückerstatten.

Als sich im vierten Stock die Aufzugstüren öffneten, wartete eine gepflegte, blonde Sekretärin auf Turnquist. Sie lächelte unpersönlich und bat ihn, ihr zu folgen. In einer Parfümwolke schritt er hinter ihr her auf eine große Tür am Ende des langen Korridors zu.

Leise klopfte sie einmal, öffnete die Tür und zog sie hinter Turnquist wieder ins Schloß.

Die Büroausstattung war in Königsblau und Gold gehalten. Das Zimmer war doppelt so groß wie das von Mallory, doppelt so üppig. Ein hagerer Mann in den späten Sechzigern saß hinter dem breiten, glatten Schreibtisch aus Holz und schrieb. Er besaß silbergraues Haar, goldgefaßte Brillengläser und einen schmalen, entschlossenen Mund. Als er mit dem Schreiben fertig war, legte er den Füller nieder, schaute Turnquist zum ersten Mal an, lächelte ein leichenblasses, aber merkwürdig warmes Lächeln und kam hinter dem Schreibtisch hervor, um ihm die Hand zu schütteln. Er trug einen perfekt geschnittenen, braunen Anzug mit Nadelstreifen, den feinsten Anzug, den Turnquist jemals gesehen hatte; dazu teuer aussehende, gelbbraune Schuhe, die auf Hochglanz poliert waren und sehr geschmeidig schienen.

»David Savington«, stellte er sich vor.

»Harold Turnquist.« Turnquist nahm die kühle, trockene Hand und schüttelte sie.

Die Bürotür öffnete sich abermals, und Turnquist erhaschte einen flüchtigen Blick von der lächelnden, blonden Sekretärin, während diese beiseite trat, um Mr. Mallory einzulassen.

»Nun«, meinte Savington. »Ich sehe keinen Grund, warum wir dieses Problem nicht lösen sollten. Wir wollen, daß Sie mit Savingtons zufrieden sind.« Er ging zu einem Schrank in der Ecke und öffnete ihn, und man erkannte einen reichhaltigen Schnapsvorrat. »Ist Ihnen Scotch recht, Mr. Turnquist?«

»Großartig«, meinte Turnquist überrascht. Würde Marie ihm das glauben, wenn er nach Hause kam?

Savington reichte Mallory und Turnquist ihre Drinks und setzte sich auf den Rand seines Schreibtisches. Er schwieg.

Turnquist nippte an seinem Scotch. Er war ausgezeichnet. »Mein Wunsch ist ein Umtausch dieses Mantels, Mr. Savington.«

»Ja, Mr. Mallory hat es mir gesagt. Aber ich fürchte, das ist unmöglich. Gerade jetzt sind weitere Mäntel einfach nicht mehr aufzutreiben. Sie machen sich keine Vorstellung von den Schwierigkeiten bei der Beschaffung von Herstellungsmaterial.«

»Dann eine Rückvergütung.«

»Steht außer Debatte.«

»Aber ich verstehe nicht.«

Savington schüttelte traurig den Kopf. »Natürlich nicht. Es sind außerordentlich schwere Zeiten, Mr. Turnquist. Es wird immer mühsamer, einen vernünftigen Reingewinn zu erzielen.«

Mallory stand lächelnd dabei.

Ärger stieg in Turnquist hoch. Sie hatten ihn heraufkommen lassen, um einen Narren aus ihm zu machen, um ihn darüber aufzuklären, wie die Reichen noch reicher werden! Er überlegte, ob er seinen Drink in Savingtons selbstgefälliges Gesicht schütten und gehen sollte, aber Savington schien sich zu bewegen, zu schwanken. Das ganze Büro schaukelte. Turnquist versuchte sein Glas zu heben, um auf den Scotch zu blicken, aber sein Arm war schwer und unbeweglich. Ohne daß er sein Fallen bemerkt hatte, fand er sich auf dem Fußboden wieder; er kämpfte mit seinen Gliedmaßen, um aufzustehen; doch sie waren zu schwer, um zu reagieren.

»Bis später, Mr. Turnquist«, sagte Savington lässig.

»Später, Sir?« hörte Turnquist Mallory fragen.

»Natürlich«, kam Savingtons zynische, ferne Antwort. »Zweiter Stock West. Abteilung Lederwaren.«

Gelächter rollte wie gedämpfter, weit entfernter Donner.

In dem verblassenden Licht ausgestreckt, preßte sich Turnquists Wange erstarrt gegen den dicken Teppich. Sein letzter Blick fiel auf die eleganten und sehr teuren Schuhe von Savington.

Originaltitel: MARKED DOWN. 7/78